한반도 분할에 한반도가 없다

김우현 지음

이 도서의 국립중앙도서관 출판예정도서목록(CIP)은 서지정보유통지원시스템 홈페이지
(http://www.nl.go.kr/ecip)와 국가자료공동목록시스템(http://www.nl.go.kr/kolisnet)
에서 이용하실 수 있습니다.
CIP제어번호: CIP2015029216(양장), CIP2015029543(반양장)

한반도
분할에
한반도가
없다

김우현 지음

한울

우리의 손자 세대에는 한반도에서 더 이상 슬픈 일이 일어나지 않기를
바라는 마음으로, 나의 손자 주영과 주원에게 이 글의 뜻을 전한다.

머리말

세계에서 유일하게 분단국으로 남은 한반도는 해방 이후 아직까지 싸움이 끝나지 않고 있다. 서로가 상대방의 이데올로기를 없애기 위해서 '침공하겠다', '미사일과 핵무기를 사용하겠다'고 위협하는 싸움이 70년 동안 계속되었다. 이 때문에 주변의 국제정치 상황은 물론 유교문화권 중국의 아시아대륙판과 기독교문화권 미국의 태평양판이 일으키는 문명 충돌의 지진이 다가오는 것을 아직 느끼지도 못하고 있다. 70년이 지났음에도 한반도에서는 적화통일, 흡수통일, 미사일, 핵무기, 유사(전쟁)시, 통일대전, 정밀 타격, 작계(작전계획), 불바다 등 무시무시한 말들이 넘쳐난다. 국민들도 이러한 말에 무감각해져 있다.

한국의 역사를 읽다 보면 '우리는 참으로 못나고 어리석은 조상을 두었구나'라고 느낄 때가 많았다. 나도 그런 어리석은 조상이 되어가는 느낌이다. 어리석은 조상이 되지 않기 위해 변명이라도 해야겠다는 생각에서 이 글을 쓴다. 이 글을 쓰면서 임진왜란을 반성했던 유성룡의 『징비록』을 생각해본다.

이 글의 목적은 전쟁이라는 화약이 터지기 전에 이것을 미리 알리고, 위험을 피하게 하는 것이다. 전쟁이 사실로 나타나지 않기를 바라는 마음에서 먼저 한반도 분단의 1차적인 원인을 국제정치, 즉 강대국들의 한반도 정책에 있다고 보고, 이것들이 가져오는 비참하고 극단적인 결론을 설정했다. 2차적인 원인은 국내정치에서 찾았다. 그리고 국제정치의 결론과 국내정치의 결론을 거꾸로 돌려서 해결책을 찾아 뒤로 오는 방법으로 글을 썼다. 1차 원인인 강대국들의 정책은 그들의 계획이기 때문에 우리가 고칠 수 없다. 그러나 2차 원인인 국내문제는 우리의 것이기 때문에 우리가 결정해야 할 일이다.

그래야만 해결책의 줄거리가 잡힌다. 2차 원인인 국내정치가 1차 원인인 강대국들의 한반도 정책을 극복하고 뛰어넘어야 통일이 가능하다. 진정으로 한반도 통일을 바라는 강대국은 하나도 없기 때문이다. 그러나 오늘날 국내정치는 강대국들의 정책을 따라가고 있다. 일상적인 조그만 사건들을 좇아가다 보면 미궁에 빠지고 강대국의 계획대로 따라가게 되며, 마지막에는 버림받는다.

한반도에 관한 글들이 많지만, 애매하고 모호한 말로 써서 마치 외교문서를 읽는 느낌이다. 쉽고 적당하게 넘어가려고 했거나, 색깔론이 두려워서 솔직한 말을 피했을지도 모른다. 이 글은 직설적으로 쓰려고 한다. 집 밖(국제정치)의 바람이 차가울수록 집 안(국내정치)은 따뜻해야 한다.

한반도 역사, 특히 해방 이후의 역사에서 위대한 정치가(statesman)는 없고 짧막한 입으로 말을 앞세우는 정치꾼(politician)만 많았다. 정치가는 국가의 먼 앞날을 내다보고 오늘에 얽매이지 않고 장기적인 구상으로 어려움을 이겨내는 용기를 가진 사람이다. 반면 정치꾼은 그날그날의 세상

움직임에 따라 자기 이익만 챙기고 선거에서 이기려고 가볍고 얄팍한 포퓰리즘에만 의지한다. 조선을 개혁하여 국가의 운명을 새롭게 하겠다고 앞장섰던 조선 말의 개화파들은 장기적인 자기 계획도 없이 일본의 계획을 따라했기 때문에 대부분 친일파가 되고 말았다.

한국은 따라 하기 문화이고, 일본은 따라잡기 문화이다. 일본은 선진국을 따라잡기 위해서 장기적인 계획으로 외국 것을 모방하고 습합시켜서 일본화했다. 그러나 한국은 단순히 외국 것을 따라 하기 때문에 한국이 외국화된다.

한국의 국민성은 장기 계획을 하지 않는다. 어려움을 극복하려는 노력은 하지 않고 쉽고 안일하게 살아가려고 한다. 쉽게 일을 처리하려고 하기 때문에 어려운 일은 강대국의 계획에 의존한다. 험한 자연을 헤쳐 나가는 사나운 호랑이를 고양이로 그린 조선의 민화 〈까치호랑이〉처럼 평화롭고 안일하게 살아간다. 한국의 전통적인 마당극은 특별한 무대도 없고, 각본도 없다. 배우와 관객이 함께 어울려서 한풀이하며 한 마당을 질펀하게 놀고, 끝나면 잊어버리는 냄비 근성을 보여준다. 필자는 학교 강의에서 만일 한국이 일본을 정복했다면 일본처럼 36년 동안 지배하지 못했을 것이라고 말한 적이 있다. 한국은 일본에 쇠말뚝 박을 생각은 못하기 때문이다. 일본은 한국을 장기적으로 점령하고 합병하기 위해서 풍수지리설에 따라 몇십 년 몇백 년 훌륭한 인물이 나오지 못하도록 한국 산에 쇠말뚝을 박았다. 풍수지리설이 옳고 그름을 떠나서 한국은 그런 장기적 계획은 세우지 못하고 일시적이다. 자기가 스스로 세운 국가의 장기 계획은 없이 위기가 닥칠 때마다 상황에 따라 땜질 처리를 하고는 상황논리로 책임을 피한다. 상황 논리에서는 모든 범죄가 무죄가 되며 정치적으로 책임질 사람이 없다.

한국의 정치꾼들은 거대한 계획은 다루지 않고 편안하게 그날그날의 정치에만 따라가는 쉬운 길을 택한다. 국가의 앞날을 생각해야 하는 장기적이고 어려운 것은 강대국에 의존하여 그들의 길을 따라가고 있다. 그러다가 마지막 순간에 버림받고 매 맞고 눈 흘기고 원망한다. 이러한 한의 국민성은 '왜 때려 민족주의'이다. 1980년 주한 미8군 사령관 존 위컴(John A. Wickham)은 "한국 사람은 들쥐와 같아서 누가 지도자가 되든 그를 따른다"라고 했다. 강대국의 말은 전후좌우나 옳고 그른 것을 따지지 않고 따른다는 뜻이기도 하다. 외국 사람이 이렇게 평가하니 입 밖에 내기도 부끄러운 말이다.

　한국 사람은 과거의 잘못을 고치려는 반성을 하지 않는다. 『징비록』은 임진왜란을 반성하고 앞으로 달라질 것을 주문한 책이다. 그러나 정작 조선에서는 『징비록』이 읽히지 않았고, 오히려 일본에서 더 많이 읽고 연구했다고 한다. 일본은 장기적으로 조선을 연구했다. 조선이 『징비록』으로 반성하고 앞날을 준비했다면 병자호란이나 한일합병 등의 부끄러움을 당하지 않았을 것이다.

　지금 한국과 일본은 과거사 문제로 관계가 좋지 못하다. 일본은 과거의 위안부 문제를 사과할 수 없다고 주장한다. 한국은 일본에 사과를 요구하기에 앞서 그런 일이 어떻게, 왜 일어났는가를 조사하고 연구하고 반성해야 한다. 만일 일본이 사과한다면 그것으로 끝인가? 다시 그 같은 일이 생긴다면 어떻게 하겠는가? 준비도, 반성도 없이 지나간 뒤에 억울하다고 원망하는 '왜 때려 민족주의'의 모습이다. 한국 역사에서 임진왜란과 한일합병 이후에 이에 항의하는 의병 활동은 많이 있었지만, 조직적인 정규군의 저항은 별로 없었다. 의병 활동으로 지나간 뒤에 '왜 때려'라고 하지 말고 장기 계획으로 정규군을 준비했어야 했다.

역사란 과거의 잘못을 되풀이하지 않기 위한 기록이기도 하다. 사람들은 『징비록』을 읽으면서 임진왜란의 비참함과 당파 싸움, 무능함에 한숨을 내쉬지만, 오늘날 똑같은 일이 일어나는 데도 아랑곳하지 않는다. 일본은 한일합병을 위해서 몇 년 동안 조선을 탐방하고 연구했고, 서양 사정도 연구했다. 한국은 일본을 원망하고 비난하지만, 조선이 왜 그렇게 되었는가에 대한 연구와 반성은 하지 않는다. 국제정치에서 책임은 '나'에게 있다는 사실을 기억해야 한다.

영조는 탕평책을 통해 조선의 4색 당파의 화해를 끌어내려 했으나 뜻대로 이루지 못했다. 4색 당파가 조선 말에는 '친중파', '친일파', '친러파' 등으로 갈라졌고 조선은 패망했다. 해방 이후 '친미파'와 '친소파'의 좌우 대립을 하나로 묶으려는 좌우 화해 노력으로 한반도 분단을 막으려 했으나 실패하고, 2색의 좌파와 우파는 색깔에 따라 남남으로 갈라지고 한반도는 분단되었다. 달리 말하면 2색 당파가 한 지붕에서 싸웠을 때에는 당파 싸움이 국내문제가 되어 적어도 한반도의 통합은 유지되었지만, 2색 당파가 화해하지 못하고 자본주의와 공산주의로 갈라지면서 남한과 북한은 남남, 즉 적대적인 다른 국가가 되고 분단되었다. 역으로 말하면 자본주의와 공산주의 2색 당파 싸움을 화해시키는 탕평책으로 이것을 다시 국내정치로 만들면 한반도 통일은 이루어진다.

분단의 근본 원인이 사상과 이데올로기의 분리에 있는데도 남북은 그 근본 원인을 없애려고 노력하지 않고 상대방을 싹쓸이하겠다는 생각으로 70년 동안 많은 통일과 화해 제안들을 내놓았다. 그러나 서로가 상대방의 이데올로기를 의심하고, 받아들이지 않으며 원점으로 되돌아가는 제자리걸음만 반복했다. 이데올로기 차이와 싹쓸이문화 때문에 서로가 상대방의 진정성을 의심하고 배척한다.

조선은 500년 동안 '이'의 주자학을 종교로 삼았고, 한국은 70년 동안 반공주의를 종교로 삼아서 경직된 폐쇄사회를 만들었다.

지금은 주변 강대국들의 세력 판들이 한반도에서 전쟁이라는 지진을 일으킬 위험이 있다. '고래 싸움에 새우 등 터진다'를 넘어서 '고래 싸움에 새우가 죽는다'는 위험을 앞에 두고 '고래 싸움에 새우야 가지 마라'라고 알리고 싶다. 살아남기 어려운 위기에 처한 한반도는 지금이라도 2색 당파 싸움을 화해시키는 탕평책을 펼치는 것이 시급하다. 서로가 서로를 포용해야 한다. 이데올로기 갈등을 국내문제로 만들어야 한다. 이것이 통일의 첫걸음이다.

마음이 하나가 되어야 몸이 하나가 된다. 이데올로기는 시대에 따라 변하지만, 국가와 영토는 영원해야 한다. 지켜야 할 것은 이데올로기가 아니라 국가와 영토이다. 이데올로기가 대립하는 통일 정책이 오히려 분단을 고정화시키고 민족을 파멸로 이끈다.

한반도에 대한 나의 예측은 틀려야 한다. 그렇지 않으면 비극이다. 나의 목표는 비극을 피하기 위해서 극단적인 예측을 해보고 그 위험을 미리 알리는 것이다.

글을 마치고 나서 다시 보니 '우리 한반도를 너무 깎아내리고 비판하는 글을 반복했구나'라고 생각되기도 한다. 그러나 이것은 올바른 길을 가기 위해서 뼈아프게 반성하고 다시는 되풀이하지 말자는 뜻이기도 하다.

끝으로 이 글의 뜻을 미리 알아차리고 나에게 용기를 준 독일에 있는 딸 윤지와 글 쓰는 할아버지를 근심스럽게 바라보고 자리를 비켜준 손자 주영과 주원에게 감사를 표한다.

이 책이 나오도록 도와주신 분들께도 감사를 전하고 싶다. 편집을 맡아

준 김영은 님, 일반적으로 받아들이기 어렵고 외곬스러운 글을 받아준 도서출판 한울, 특히 윤순현 과장님께 고맙다는 인사를 전한다.

2015년 가을
김우현

차례

1

세계화란 무엇인가
로마클럽의 『성장의 한계』

세상의 모든 것들은 사람이든 동물이든, 사회사상이든 자연과학이든 자기의 영역을 넓혀서 세계를 하나로 만들기 위해 서로 경쟁하고 싸운다. 세계 역사에서 국가란 경쟁과 전쟁의 결과이며 세계화의 과정이다.

국경선은 국가들 사이 차별의 경계선이며 누구도 허가 없이 넘지 못한다. 국가는 차별을 통해서 자기 우월성을 강조하며 경쟁한다. 국가들의 차이는 인종 차이, 종교 차이, 문화 차이, 경제력 차이, 군사력 차이 등이다. 이러한 차이를 강조하는 시대의 대표적인 사회과학 이론으로는 절대주의, 계몽주의(enlightenment), 계층 이론, 제국주의, 진보 이론 등이 있고 정치적으로는 전쟁, 정복, 식민지 등을 들 수 있다. 이와 같이 국가가 절대주권을 가지는 시대를 현대화 시대 또는 모더니즘(modernism) 시대라고 한다.

그러나 20세기 중반을 지나며 경제활동 범위가 넓어지고 교통과 통신 등이 발달하면서 국가가 독립적으로 살아가기 힘들어지고, 국경을 초월해서 협력할 필요가 생겼다. 이러한 21세기를 포스트모더니즘(post-modernism) 시대 또는 세계화(globalism) 시대라고 한다. 세계화 시대는 차이와 차별을 없애고 국가들이 서로 협력하는 것을 목표로 하고 있다. 따라서 국가는 절대주권을 가지는 것이 아니라 세계 속의 하나의 국가라는 상대 주권을 가지게 된다. 세계화 시대가 되면서 '세계는 하나', '우리는 하나'라는 새로운 흐름이 생겨났다.

언제부터 세계화가 시작되었는지 정확히 알 수는 없다. 그러나 세계화의 논리는 1972년에 로마클럽(Club of Rome)이 발표한 『성장의 한계(The Limits to Growth)』에서 시작된다. 로마클럽은 과학 기술의 진보에 따르는 위기를 분석하여 그 대책을 세우는 것을 목적으로 결성한 단체이다. 어떤 이데올로기나 정치 또는 국가나 민족의 입장을 나타내지 않고 공산주의 국가 소련을 포함한 25개 국가에서 70여 명이 참여했다. 이들이 미국 매사추세츠 공과대학교(MIT: Massachusetts Institute of Technology)의 데니스 메도스(Dennis Meadows) 교수의 지휘로 지구 전체의 인구, 농업 생산, 자연 자원, 공업 생산, 환경오염 5개 분야에 대해서 연구한 보고서가 『성장의 한계』이다.

『성장의 한계』는 처음으로 지구 전체를 하나의 연구 대상으로 봤으며, 지구의 균형 상태(equilibrium)를 유지하는 것을 목표로 했다. 이 보고서는 다음과 같은 전제에서 출발한다. "세계 인구, 산업화, 환경오염, 식량 생산, 자연 자원의 사용이 지금과 같이 기하급수적으로 늘어나면 앞으로 100년 안에 성장은 한계에 도달하여 인구와 생산능력이 갑자기 통제 불가능한 불균형 상태가 될 것이다. 지구의 불균형 상태는 불평등하게 이루어지는 분배 때문에 첫째로 선진국과 후진국의 불균형, 둘째로 같은 사회에서 부자와 가난한 자의 불균형, 셋째로 인간과 자연의 불균형을 만들어서 인류의 미래를 어렵게 한다."

이러한 불균형 상태를 해결하기 위해서 『성장의 한계』에서는 다음과 같이 말한다. 첫째, 30년마다 곱으로 늘어나는 인구 압력은 지역적으로 불균등하게 분포되어 있어서 개발도상국과 선진국의 격차와 불평등은 점점 커진다. 둘째, 늘어나는 인구 압력은 자연환경을 지나치게 개발하여 지구의 생명력을 파괴한다. 셋째, 지구의 총체적인 위기에 대응하기 위해서는 인간의 생각하는 틀을 바꾸어 기술 변화에 적응하는 사회 개혁과 모든 분야의 기구와 정치 결정 과정을 개혁해서 세계에서 가장 높은 단계의 지구 공동체(world polity)를 생각해야 한다. 넷째, 인류가 새로운 방향을 위해서 국제 협력을 통한 방법을 찾으려면 문화가 다르든, 경제 제도가 다르든 또는 발전 수준이 다르다 할지라도 모든 사람이 공동으로 노력해야 한다. 더 높은 발전 수준 단계로 올리는 것이 아니라, 가지고 있는 부와 세계 각지에서 얻은 수입을 공평하게 분배하려는 노력이 필요하다. 이를 위해 경제적·사회적·생태학적 균형을 이루어서 조화로운 상태가 되면 모두에게 이익이 된다는 공통된 확신에 바탕을 둔 공동 사업이어야 한다. 그러려면 경제적으로 발전한 국가들이 가장 먼저 앞장서야 한다.

로마클럽 보고서는 1972년을 기준으로 지구에 매장되어 있는 19가지 지하자원의 사용 가능한 한계를 계산했는데 알루미늄은 55년, 석탄 155년, 금 29년, 철 173년, 천연가스 49년, 석유 50년, 텅스텐은 72년 등이었다. 또한 로마클럽 보고서는 폭발적인 인구 증가에 따른 환경 파괴와 식량문제를 해결하기 위해서 한 가정에 아이 2명만을 가질 것을 권장했다.

1972년에 로마클럽이 발표한 『성장의 한계』에 대해 연구 방법이 잘못되었으며 연구 자료들이 정확하지 않다는 많은 비판이 있었다. 그러나 로마클럽 보고서는 가치 체계를 서로 달리하는 문화권의 사회적 요인을 생각하지 않고 하나의 국가나 민족이 아니라 모든 국가와 민족을 떠나서 처음으로 세계 전체를 하나의 단위로 보고 연구했다는 데 큰 의미가 있다.

로마클럽 보고서가 발표되면서부터 '지구는 하나', '하나뿐인 지구를 살리자', '지구의 모든 인간은 공동 운명' 등의 구호가 생겨나고, 국경을 넘어서 인종, 문화, 종교, 이데올로기, 경제 발전 수준의 차이에 관계없이 협력하여 지구 공동체를 만들자는 세계화 시대의 문이 열렸다. 서로의 차이를 강조하고 너와 나의 독립성과 절대주권을 주창하면서 분열시키던 국민국가 시대와는 달리 세계화 시대에는 지구의 운명을 우선하고 국민국가의 독립성은 세계 속의 부분으로 변했다.

로마클럽 보고서와 세계 정치의 변화는 이 시기부터 유행하는 포스트모더니즘과 후기(탈) 구조주의(post-structuralism) 등의 사회사상·정치사상과 맥을 같이한다. 이 사상들은 과거와 현재의 시간 차이, 다시 말하면 진보와 발전의 차이 등 모든 개체들의 차이를 없애고, 서로 존중하고 인정한다는 논리이기도 하고 개체보다는 전체를 우선하는 집단주의 논리이기도 하다. 선진국과 후진국이 서로 마음의 장벽과 국경의 높이를 낮추면, 지금까지의 폐쇄적인 민족국가의 지리적 범위와 민족주의를 떠나서 이들의 활동 범위는 세계 전체로 넓어진다. 따라서 이 보고서는 성장의 한계를 주장함으로써 전체적으로 성장하여 선진국이 되려는 후진국의 기회를 빼앗고 선진국들이 현상을 유지하기 위한 수단이라는 의견도 있다.

과거 강대국들이 군사력으로 약소국을 정복했던 것과는 달리 세계화 시대에는 강대국들이 약소국들을 정복하기 위해서 무장해제시킨다는 비판도 있다. 약소국들은 세계화에서 더욱 무방비 상태로 노출된다.

2

자원민족주의, 문명의 충돌
후진국들의 반란

로마클럽 보고서 이전과 이후의 세계 정치는 모습이 달라졌다. 먼저 로마클럽 보고서 이전의 절대주권 시대에 선진국과 후진국의 관계는 종속 관계이며, 주는 자와 받는 자의 관계였다. 그러나 보고서 이후의 상대주권 시대에 선진국과 후진국이 서로를 대화의 상대로 인정하는 공동의 장이 마련되었다. 또한 로마클럽 보고서 이전에는 후진국이 어느 정도 시간이 지나야 선진국이 된다는 사회진화론적인 발전 단계론을 숙명적으로 받아들였다. 따라서 선진국과 후진국의 종속 관계는 유지되었지만, 후진국은 독립성을 지킬 수 있었다.

그러나 세계화 시대에 들어서 후진국은 국경선이라는 보호 수단을 잃고 선진국과 경쟁해야 한다. 선진국은 지리적으로 넓은 범위에서 활동할 수 있는 물질적 수단인 자본과 기술, 정신적 수단인 철학이나 학술 이론을 가지고 있지만, 후진국은 개방된 세계에서 경쟁할 수단이 없기 때문에 오히려 지금까지 보장받았던 존재의 자유마저 빼앗기게 되었다.

선진국은 강한 자가 지배한다는 신자유주의(neo-liberalism)의 사회 논리를 앞세워 후진국 사회에 진출하려고 한다. 자유주의(liberalism)는 16세기 종교개혁 이후에 생겨난 사회사상으로 가톨릭 종교의 구속에서 인간과 국가가 해방될 수 있는 자유, 전체에서 분리·독립할 수 있는 자유 등 존재의 자유를 주장했다. 반면 신자유주의는 전체의 통합을 우선하고 개체를 전체의 일부로 생각하여 개체의 독립과 자유를 제한한다. 신자유주의에서 국가는 세계 속의 일부분이다.

자유주의와 신자유주의는 자연 상태의 논리이다. 자연 상태에는 약한 동물과 강한 동물이 있다. 자유주의는 약한 동물이 강한 동물을 피해서 살아남을 수 있는 자유를 강조하는 약자의 논리, 개체의 논리, 독립의 논리이다. 반면 신자유주의는 자연 상태에서 강한 동물이 약한 동물을 희생하여 자기를 유지하려는 강자의 논리, 집단의 논리, 통합의 논리이다.

세계화 시대에 나타난 새로운 사회 논리로 사회생물학과 가이아 이론(Gaia Theory)을 들 수 있다. 사회생물학은 에드워드 윌슨(Edward Wilson)의 『사회생물학(Sociobiology: The New Synthesis)』, 리처드 도킨스(Richard Dawkins)의 『이기적 유전자(Selfish Gene)』에서 사용된 개념이다. 생물은 종족의 유전자를 보존하고 전달하려고 전체 집단을 위해 소속된 개체들의 희생을 강조한다는 사회 유기체론으로, 전체주의나 중앙집권을 강조한다. 이것은 생물의 종이 환경 변화에 따라 다르게 진화한다는 찰스 로버트 다윈(Charles Robert Darwin)의 진화론 논리와는 다르다. 제임스 러브록(James Lovelock)의 가이아 이론은, 지구는 살아 있는 생명체이므로 하나뿐인 지구를 살리기 위해서는 모두가 협력해야 함을 강조한다. 가이아 이론은 지구를 살리는 환경보호를 위해 개인과 국가의 자유가 제한되어야 한다고 주장한다.

국민국가 시대에는 군사 대결이나 이데올로기의 대립이 논쟁거리였지만, 세계화 시대에는 선진국인 유럽의 가치가 중심인 보편적 가치, 아시아의 가치, 이슬람의 가치 등 문화권에 따라서 기준이 달라지는 가치 논쟁이 시작되었다. 또한 지금까지 이데올로기 논쟁으로 세계를 자본주의 진영과 공산주의 진영으로 나누던 동서 갈등은 세계화 시대에 들어서 선진국과 후진국, 가진 자와 못 가진 자로 나누는 남북 갈등으로 바뀌었으며, 남북 갈등에서 자원민족주의가 생겨났다.

1장에서 말했듯 로마클럽 보고서에서는 인구 증가를 줄이고 환경 파괴와 식량 부족을 해결하기 위해서 한 가정이 아이 2명을 가지라고 권장했다. 이것은 결국 후진국들에 인구를 줄이라는 요구로, 앞으로 생길 선진국에 대한 게릴라들을 어머니 배 속에서 미리 죽여버림으로써 부유한 국가나 민족이 현상 유지를 하기 위한 수단이라는 의견도 있다. 실제로 선진국은 후진국에 아이 적게 낳기를 요구하면서도 자기 국민들에게는 아이 많이 낳기를 권장하고 있다. 인구를 소득분배의 대상으로 보면 줄여야하지만, 인구를 생산수단이나 상품의 시장으로 보면 늘려야 한다.

1994년 9월 이집트 카이로에서 열린 국제연합(UN: United Nations) 인구회의에서 선진국들은 후진국들이 가난에서 벗어나고 사회를 발전시키기위해서 인구를 줄여야 한다고 주장했다. 반면 후진국들은 인구 줄이기를 강요하기에 앞서 사회 발전을 위한 경제적 지원을 해달라고 요구했다. 인구를 줄이라는 선진국들의 요구에 대해서 특히 인구 증가율이 높은 이슬람문화권 국가들이 적극 반대했다. 산아제한은 이슬람 율법을 위반하기때문이다.

또 1995년 9월 중국 베이징에서 열린 세계여성회의에서도 남녀평등권을 위한 행동강령에 대하여 유럽문화권과 비유럽문화권, 특히 이슬람문화권의 의견 차이가 많았다. 남녀평등권을 보장하여 여성에게 사회 활동의 기회를 주어 남성에 대한 의존성을 낮추자는 것이었다. 남녀평등은 문화권과 종교에 따라서 시각이 다르기도 하지만, 인구정책으로 보면 남녀평등과 여성의 사회참여는 인구 증가를 억제하기 때문이다.

1972년 로마클럽 보고서 이후 이슬람문화권에서는 유럽문화권의 압력에 저항하여 이슬람 율법을 지키려는 이슬람 원리주의(fundamentalism)가 무력 투쟁을 벌이고 있다. 로마클럽 보고서는 선진국이 후진국에 자본과 기술을 이전하여 경제 발전에 도움을 주어서 선진국과 평형을 이루고 후진국은 자기의 영토 안에 있는 자연 자원을 선진국에게 개방하여 공동 번영하라고 권고했다. 그러나 이에 대한 선진국과 후진국의 대응은 전혀 달랐다.

세계화 시대를 맞아 비동맹 후진국들은 영토 안에 있는 자연 자원은 그 국가의 주권에 있다고 주장하면서 선진국의 자본과 기술을 이전받아서 경제 발전을 이루겠다고 주장했다. 그러나 선진국들은 자기들이 인류의 운명을 책임지기 위해서 후진국들이 가지고 있는 자연 자원은 그 국가의 소유가 아니라 인류 전체의 공동소유인 공공재 또는 공공선이라고 주장했다. 선진국들의 자연 자원에 대한 공개념은 후진국들에게 자연 자원을 개방할 것을 요구했다. 이 때문에 선진 지역인 북쪽과 후진 지역인 남쪽은 인류의 운명을 위한 책임과 부의 분배를 둘러싼 갈등이 생겼다.

1973년 회원국 대부분이 이슬람 국가인 석유수출국기구(OPEC: Organization of Petroleum Exporting Countries)가 선진국과의 자원 갈등으로 국제 원유 가격을 크게 올렸기 때문에 일어난 제1차 오일쇼크로 세계경제는 위기를 만나게 되었다. 석유수출국기구의 석유민족주의에 이어 인도네시아의 목재민족주의, 미국의 식량민족주의 등 자연 자원을 가진 국가들은 자신들의 자연 자원을 최대한 경쟁의 무기로 삼으려는 자원민족주의를 일으켜서 세계 정치의 새로운 갈등 요인이 되었다. 이것은 자연 자원에 대한 공개념을 둘러싼 남북 갈등이다.

3
국제조직의 변화와
국제연합 개편 논의

제2차 세계대전 이후 국제정치는 강대국, 특히 초강대국(superpower)인 미국과 소련을 중심으로 움직였다. 이들은 경제적으로 앞선 선진국들이었다.

그러나 로마클럽 보고서 이후에는 강대국들의 역할이 점점 약화되었다. 제3세계의 비동맹 국가들을 중심으로 1954년에 만든 G77(Group 77)은 선진국들의 정의롭지 못하고 불평등한 경제구조를 고칠 것을 주장했다. G77이 주장한 국가의 경제적인 권리와 의무는 다음과 같다. 모든 국가는 독자적인 경제 발전 정책을 가져야 한다, 모든 국가는 영토 안에 있는 자연 자원에 대한 주권이 있다, 다국적기업을 통제해 국민경제가 독립해야 한다, 정치나 군사적으로 연결되지 않은 경제원조 등을 얻는다 등이다. 또한 무역 규제를 완화하여 후진국들이 선진국 시장에 접근하기 쉽게 하고, 특히 국제통화기금(IMF: International Monetary Fund)을 비롯한 주요한 세계 경제기구를 개편하고, 제3세계의 늘어나는 채무를 처리하고, 기술이전을 통한 경제원조를 확대하고, 다국적기업을 통제하여 경제 주권을 유지할 수 있도록 할 것 등을 요구했다. 후진국들은 미국, 영국 등 선진국들의 반대에도 불구하고 새로운 세계경제 질서(NIEO: New International Economic Order)를 세우기 위한 행동 계획을 1974년 국제연합 총회에서 통과시켰다.

뒤이어 강대국들이 독점하고 있는 정보와 통신제도를 개혁하는 새로운 국제 정보 질서(NIIO: New International Information Order)를 요구했고 또한 후진국 다수의 힘으로 초강대국의 소수 지배 체제인 국제연합의 개편을 요구했다. 미국과 영국은 다수의 횡포라고 하면서 1984년에 국제연합의 산하 기구인 유네스코(UNESCO: United Nations Educational, Scientific and Cultural Organization, 국제연합교육과학문화기구)에서 탈퇴했다가 19년이 지난 2003년에 다시 가입했다.

다수의 횡포에 대응하기 위해서 선진국인 미국, 서독, 프랑스, 영국, 일본은 G5(Group 5)를 구성했다. 그러나 국제정치의 위기에 5개 강대국으로는 대응하기 힘들기 때문에 시간이 지나면서 점점 회원 수가 늘어났다. 1975년에는 이탈리아를 포함해서 G6, 1976년에는 캐나다가 가입하여 G7이 되었으며, 2008년에는 강대국만으로는 세계 문제를 해결할 수 없기 때문에 G7에 유럽연합(EU: European Union) 의장국과 신흥국(중진국) 12개 국가를 포함하여 G20이 되었다. 선진국들의 국제조직에 대응하여 후진국들은 1989년에 G15를, 1997년에는 터키, 이집트 등 이슬람 8개 국가들이 모여 D8(Developing 8)을 창설했다.

제2차 세계대전 이후 미국이 주도하여 만든 범세계 조직인 국제연합의 창설 목적은 이를 통해서 미국 우월주의를 실현하는 것이었다. 구체적으로 19세기와 20세기 초에 있었던 먼로주의, 팽창주의, 간섭주의로 세계경찰을 통해 인류를 구하려는 도덕적 의무를 실천하려 했다. 미국은 국제연합을 세계정부(world government) 또는 세계의회(parliament of nations)로 삼으려고 했다. 또 세계 평화를 위해 국제연합 회원국들은 국내 치안 유지에 필요한 준비를 최소한으로 줄여서 집단 안전 보장 체제(collective security system)를 만들려고 했다.

국제조직의 목적은 조직이 미치는 범위 안에서 평화와 질서를 유지하는 것이다. 전쟁은 국가들 사이의 무력 충돌이므로 군사력(military force)을 강화해야 하지만, 질서는 국내 치안이며 경찰력(police force)은 치안 유지를 위한 것이므로 군사력을 최소화해야 한다. 국제 평화 또는 세계 평화라는 말은 1970년대 후반부터 시작되는 세계화의 물결에 따라 생겨났고, 그리하여 평화와 질서가 완전히 정착되면 그 조직이 미치는 범위는 통합 또는 통일된다. 이러한 통합체 또는 통일체에서는 평화 유지라는 조직체의 목적은 점점 약해지고 질서유지라는 목적만이 남게 된다. 오늘날에는 세계 질서라는 말로 바뀌고 있다. 또한 국제 테러나 군사 응징에 필요한 군사행동을 국제경찰이라고 말한다. 그만큼 세계화, 세계 통합, 지구촌이 상당히 이루어졌다는 증거이기도 하다.

국제연합은 자체적인 군사력이 없기 때문에 국제연합의 집단 안전 보장 체제는 군사력을 가진 강대국에 의존해야만 했다. 군사력을 가진 강대국을 초강대국이라고 한다. 이들은 제2차 세계대전 이후 세계 질서를 결정한 1945년 얄타회담에 참가했던 미국, 소련, 영국 3개 국가에 프랑스, 중국을 포함하는 5개 국가이다. 이들은 국제연합 안전보장이사회의 상임이사국들이다. 이들 5개 초강대국은 집단 안전 보장 체제를 위해서 군사력을 강화할 수 있지만, 나머지 강대국들과 약소국들은 국내 질서를 유지할 수 있는 경찰력 수준으로 군사력을 줄여야만 한다. 그러므로 국제연합이 중심이 되는 얄타체제를 초강대국 지도체제(superpower directórĭum) 또는 초강대국 독점체제(superpower monopole)라고도 한다.

그러나 미국과 소련의 이데올로기 대립으로 세계 정치는 동서 양대 진영으로 바뀌었다. 영국과 프랑스, 중국의 대표권을 가졌던 타이완은 미국을 중심으로 하는 자본주의 진영에, 대륙의 공산중국은 소련의 공산주의 진영에 포함되었다. 국제연합 5개 초강대국은 미국과 소련 2개 초강대국으로 바뀌었다. 그러다가 1990년 소련이 무너지면서 미국이 세계 유일 초강대국의 역할을 했다. 그러나 2000년대에 들어서 중국의 국력이 강해지면서 미국의 유일 강대국 지위는 약화되고 있다.

국제연합은 1945년 51개 회원국으로 설립되었고, 2010년경에는 회원국 수가 193개국이 되었다. 1991년 가입한 한반도의 남한과 북한이 160번째, 161번째 회원국이었으니, 국제연합 개편 논의가 있었던 1980년대 중반에는 회원국 수가 160개국이 채 못 되었다. 설립 이후 가입한 국가가 전체 회원국의 3분의 2가 된다. 이들은 대부분 식민지에서 새롭게 독립한 제3세계 국가들이다. 51개 회원국일 때에 초강대국 지도체제를 책임졌던 국가는 국제연합 안전보장이사회 상임이사국인 미국, 소련, 영국, 프랑스, 중국 5개국이다. 이들 상임이사국은 거부권을 가지고 있기 때문에 이들의 만장일치가 없으면 국제연합은 집단 안전 보장에 관한 어떤 행동도 할 수 없다.

그러나 160개에 가까운 국가들로 구성된 1980년도에도 상임이사국을 5개로 유지해야 하는가는 논의 대상이었다. 국제연합 개편 논의의 쟁점은 크게 세 가지이다. 첫째는 초강대국 지도체제를 바꾸는 것이고, 둘째는 안전보장이사회 상임이사국의 숫자를 늘리는 것이며, 셋째는 국제연합 상비군을 창설하는 것이다. 국제연합의 목적인 평화와 안전을 유지하기 위한 집단 조치는 안전보장이사회의 승인이 없이는 불가능하다. 초강대국인 5개 상임이사국들의 합의가 있어야 한다는 뜻이다.

국제연합 헌장에 따르면 총회는 헌장의 범위 안에 있거나 또는 헌장에 규정한 기관의 권한 및 임무에 관한 어떠한 문제나 사항을 토의할 수 있고, 이와 같은 문제 또는 사항에 대하여 국제연합 회원국 혹은 안전보장이사회 또는 이 양자에게 권고할 수 있다(제10조). 또한 총회는 국제 평화와 안전의 유지에 대한 협력의 일반 원칙을 군비 축소 및 군비 규제를 규율하는 원칙을 포함하여 심의하고, 아울러 이와 같은 원칙에 대하여 회원국 혹은 안전보장이사회 또는 이 양자에게 권고할 수 있다(제11조). 그러나 안전보장이사회가 이 헌장에 의해 주어진 임무를 어느 분쟁이나 사태에 대하여 수행하고 있는 동안에 총회는 안전보장이사회가 요청하지 않는 한 이 분쟁 또는 사태에 대하여 어떤 권고도 해서는 안 된다(제12조).

따라서 제3세계 국가들이 다수를 이루는 160여 회원국 시대의 총회는 출석한 회원국 3분의 2의 찬성으로 중요한 안건을 결정하여 이것을 안전보장이사회에서 다루어줄 것을 권고함으로써 국제연합은 안전보장이사회와 총회 또는 초강대국과 다른 국가들의 대립 관계로 변하게 되었다. 제3세계 국가들은 총회 의결로 초강대국들에 국제 여론의 압력을 주는 것이다. 미국은 1984년 '반미국, 반서방'이라는 국제 분위기를 배경으로 유네스코에서 탈퇴했다. 유네스코가 '서방세계의 가치관을 부정'하는 정치 선전장이 되고 있다는 이유에서였다. 미국에 이어 영국도 1985년에 유네스코를 탈퇴했다.

미국은 유네스코 탈퇴에 앞서 '국제연합이 뉴욕에 있는 국제연합 본부를 다른 곳으로 옮기더라도 미국은 이를 방해하지 않을 것'이라고 할 정도로 제3세계 국가들의 행동에 불만을 나타냈다. 더 나아가서 미국의 헤리

티지재단(The Heritage Foundation)은 미국이 국제연합 회원국 지위마저도 재검토해야 한다고 건의하면서, 국제연합은 이제 통제를 벗어난 기구가 되었다고 했다. 또 평화 유지자와 인권 보호자로서의 역할은 실패했다고 지적하며 '국제연합이 없는 세계가 지금보다 더 좋은 세계'라고 표현했다. 그러나 미국은 탈퇴 이후 19년이 지난 2003년에 다시 가입했다.

국제연합 개편의 또 다른 방향은 회원국 수가 늘어난 만큼 상임이사국 숫자도 늘리자는 것이었다. 다음과 같이 10개국으로 개편하자는 주장이 힘을 얻었다. 선진국 중에는 일본과 독일, 후진국 중에는 지역을 대표하여 인도, 브라질, 나이지리아 3개 국가로 하여 선진국과 후진국의 균형을 맞추자는 것이었다. 그러나 이 주장은 이루어지지 않았다. 이들 5개 국가를 결정하는 것이 어렵기도 하지만, 거부권을 가진 상임이사국들의 승인을 얻을 가능성이 없었기 때문이다. 또 서로 입장이 다른 초강대국들과 제3세계 국가들로 이루어지는 상임이사국들이 세계의 복잡한 문제를 만장일치로 합의한다는 것도 어렵다. 상임이사국 확대는 국제연합의 역할을 마비시키는 결과가 될 수도 있다. 제1차 세계대전 이후 베르사유체제의 국제연맹(League of Nations)은 회원국의 만장일치제도 때문에 자기 역할을 다하지 못하고 실패했다.

1990년 소련의 공산권이 무너지고, 1991년 미국이 이라크와의 걸프 전쟁에서 승리하며 지금까지 동서 냉전 체제를 주도했던 미국과 소련 2개의 초강대국체제는 무너지고 유일 강대국체제(unique superpower)로 변했다. 1992년 이집트 출신인 부트로스 부트로스 갈리(Boutros Boutros Ghali) 국제연합 사무총장은 다국적군으로 구성되어 초강대국의 집단 안전 보장에 의존하는 '평화유지군(PKF: Peace Keeping Force)'보다는 국제연합이 중심이 되는 평화(Pax-UN)를 위해 잠정 계획으로 특수부대를 창설하여 지역

분쟁을 억제하기 위한 '신속배치군(RDF: Rapid Development Force)'을 만들자고 제안했다. 이 신속배치군을 점차 상비군으로 발전시킨다는 것이다.

그러나 갈리 사무총장이 생각했던 국제연합의 변화는 새로운 세계 질서를 주도하려는 미국의 유일 강대국 전략과 갈등을 빚었다. 갈리 사무총장은 제2기 임기를 위해 노력했으나 실패하고 1994년에 임기를 마쳤다.

4

대량사회와 문화 이동

　역사를 움직이는 힘은 시대에 따라 달라진다. 이 힘을 뒷받침하는 사회 과학 논리도 따라서 변한다. 크리스토퍼 콜럼버스(Christopher Columbus) 이후 20세기까지는 절대적인 국가민족주의(absolute state nationalism) 시대였으며 유럽의 기독교문화가 정복 전쟁을 통해서 다른 지역의 국가와 종교, 문화를 지배했다. 유럽문화는 세계를 문화와 인종의 계층구조로 만들고 유럽의 가치 기준에 따르는 획일적인 사회를 만들었다. 이러한 계층구조에서는 막스 베버(Max Weber)가 합리주의(rationalism)에서 말한 것과 같이 하나님에게서 축복받은 질적으로 높은 수준의 소수(minority)와 엘리트(elite)가 지배자였다.

　그러나 세계화 시대에 접어들면서 모든 국가, 인간, 종교, 문화는 분리할 수 없는 지구라는 울타리 안에서 함께 살고 있다. 시대가 바뀌면 그 시대정신을 대표하는 새로운 사상이나 철학이 나타난다. 새로운 시대정신으로 나타난 것 중의 하나인 포스트모더니즘 또는 탈현대철학은 "개체는 서로 분리할 수 없으며, 이들은 하나의 전체 속에 함께 있다"고 주장한다. 이러한 변화는 1972년에 발표된 『성장의 한계』 이후에 나타난 현상이다. 20세기 모더니즘에서는 개체를 따로 분리하고 차별하면서 불평등한 피라미드형 수직 질서를 가졌으나, 세계화가 이루어진 포스트모더니즘에서는 상대적으로 평등한 수평 질서로 바뀌었다.

종교는 문화권과 사회의 가치 기준을 만들어준다. 문화와 가치 기준이 상대적인 평등 질서로 바뀜에 따라 지금까지 유럽의 문화와 가치를 받아들여야 했던 비유럽의 문화와 가치는 보편적인 이성을 주장하는 유럽의 문화와 가치에 도전한다. 오늘날에는 유럽·아시아·이슬람의 가치 사이, 그리고 기독교·불교·이슬람·유교문화 사이에서 가치와 문화 논쟁이 진행되고 있다. 아프가니스탄과 이라크에서 벌어진 전쟁은 이러한 논쟁이 군사적 충돌로 발전한 것이라고도 할 수 있다.

이 같은 논쟁들은 모더니즘 시대의 국가민족주의를 문화민족주의로 바꾸고 있으며 문화민족주의를 바탕으로 하는 새로운 세계 질서를 만들어내고 있다. 새로운 질서에서는 크고 작은 다양한 문화들이 서로 포용하면서 공존한다. 세계화 시대의 사회질서에서는 억압이나 폭력이 없고, 다양성을 포용한다. 이 질서에서 지배자가 되는 것은 크고 작은 문화·가치·다양성을 얼마나 많이 포용하고 다스릴 수 있느냐에 달렸다. 지난날처럼 강제적인 군사력으로 다른 문화와 가치를 억누를 수는 없다.

세계화 시대에는 인구의 대부분을 차지하는 보통 사람이 사회질서를 결정한다. 민주주의는 시대에 따라 내용과 해석이 달라진다. 국가민족주의 시대에 선택된 엘리트가 지배하던 질의 민주주의가 세계화 시대에는 다수의 보통 사람이 지배하는 양(quantity)의 민주주의로 바뀌고 있다.

그리스의 플라톤(Platon)이 질적으로 우수한 엘리트가 사회질서를 이끌고 계몽시켜야 한다고 말한 이후 그의 사상은 유럽의 철학이나 사회생활의 밑바탕을 이루면서 이어져왔다. 그러나 영국의 경제학자 토머스 그레섬(Thomas Gresham)은 "시장에서 악화(양)는 양화(질)를 쫓아낸다"는 말로써 양이 질을 앞지른다는 시장과 사회 원리를 설명하기도 했다. 또한 프랑스의 사회학자인 알렉시 드 토크빌(Alexis de Tocqueville)은 "시간이 지나면서 사회질서는 점점 평등화되고 다수를 차지하는 보통 사람들이 지배하며 질적으로 우수한 사람들은 점점 밀려나게 된다"라고 예측하고 이를 두려워했으나 "역사의 흐름은 막을 수가 없다"고 했다.

세계의 모든 종교는 유라시아 대륙에서 생겨났으며 이곳에 뿌리를 두고 있다. 다양한 문화와 가치들이 유라시아 대륙에 자리 잡고 있다는 말이다. 하나의 문화권에 사는 사람들은 동질성이 있는 보통 사람들의 대량사회(massive society)를 만든다. 대량사회는 동질성을 가지면서도 반드시 조직화되지는 않으며, 사람들은 감성적으로 사회에 속한다고 느낀다. 이것은 여러 사람들이 모여서 집단이 되는 대중사회(mass society)와는 다르다. 대량사회는 조직화되기에 앞서 문화적으로나 인종적으로 그곳에 소속되어 있다는 감성적인 동질성이 있다. 대량사회 사람들은 한 지역에 모여 살기도 하고, 여러 지역에 분산되어 다른 문화권에서 살기도 한다. 대량사회의 사람들이 흩어져서 다른 문화권에 사는 것을 디아스포라(diaspora)라고 한다. 디아스포라는 문화민족주의에서 해외에 있는 교민사회이며, 문화민족주의는 이를 확산시킨다.

인간은 문화의 운반 수단이다. 세계화 시대에는 인간이 국경을 넘어 이동하는 것이 쉽다. 그러므로 하나의 문화권에 사는 인간의 숫자는 세계 정치의 경쟁 관계에서 결정적인 역할을 한다. 인간의 이동은 대량사회의 문화 이동(culture migration)이며, 다른 문화권의 사회변동을 일으키는 원인이 되기도 한다. 인간이 문화를 만들고 다른 지역에 흩어져서 살게 되므로 문화 이동은 자기 문화권의 중심과 주변을 만들면서 다른 문화권과 경쟁한다.

세계화 시대의 문화민족주의는 여러 문화권을 서로 경쟁하게 만든다. 인간과 문화의 이동은 문화민족주의의 중심(center)과 주변(periphery)을 만든다. 이러한 주변들은 서로 겹쳐서 경쟁하면서도 서로 분리할 수 없는 문화권을 이어주는 연결고리를 만든다. 문화권과 문화민족주의의 중심과 주변은 서로 경쟁하면서 공존하므로 계속되는 여러 개의 연결고리는 서로 분리할 수 없는 세계화를 이룬다.

따라서 세계화 시대에 문화권이나 문화민족주의 경쟁에서 살아남으려면 중심 문화를 이웃이나 주변으로 이동시킬 인간의 숫자가 많은 대량사회가 유리하다. 이러한 예로 유럽문화권을 변화시키고 있는 이슬람문화권의 인구 이동을 참고할 수도 있다. 20세기 후반 유럽 국가들은 인구가 줄어서 부족해진 노동력을 채우기 위해 이슬람문화권의 노동력을 수입했다. 수입된 노동력은 이슬람문화를 이동시켜서 유럽문화권의 종교와 사회문화를 변화시키고 있을 뿐만 아니라 이들의 집단행동으로 기독교문화와 충돌하여 사회적인 갈등을 일으키고 있다.

거대한 다민족국가에 살던 소수민족이 시간이 지나며 숫자가 많은 민족 속에 흩어지고, 흡수되고, 동화되어 사라지는 것처럼 문화민족주의의 정체성을 제대로 갖추지 못한 문화와 민족은 무한 경쟁하는 세계 속에서 사라지고 만다. 중국에 사는 조선족은 중국의 넓은 지역에 흩어지고 동화되어서 점점 줄어들고 있다. 경제학자 그레셤이 악화가 양화를 쫓아낸다고 했던 것은 대량생산이 우수한 질을 가진 소량생산을 이긴다는 뜻으로 해석되기도 한다. 세계화 시대 유라시아 대륙은 국경이 낮아지면서 인간과 문화의 이동이 편해졌다. 그러나 유라시아 대륙은 지리적으로 분리를 불가능하게 만드는 문화 이동을 통해서 지난날과는 다르게 문화 경쟁을 벌이게 된다.

한반도는 대량사회와 이웃하고 있다. 따라서 이제까지와 다른 방법으로 경쟁해야 한다. 남북한이 합쳐서 대량사회에 대응할 수 있도록 인구를 늘려야 한다. 남한은 점점 다문화 사회로 변하고 있다. 시간이 지나면 남한과 북한의 인구 구성이 달라진다.

5

미국의 경제 우선 건국이념과
앵글로색슨 우월주의

영국은 북아메리카 대륙 버지니아에 식민지를 만들어서 아메리카 대륙에서 북쪽으로 올라오는 스페인 세력과 가톨릭교를 동시에 막으려 했다. 또한 스페인과 전쟁이 일어날 경우 버지니아 식민지에서 스페인이 지배하는 서인도제도를 공격할 수 있다고 생각했다. 1585년에 도착한 정착민은 적응하지 못하고 영국에 되돌아갔으며, 1587년에 도착한 정착민은 모두 죽었다. 1607년에 도착한 정착민들은 버지니아회사(Virginia Company)를 세웠다. 이들은 영국 교회의 신자들이었다.

1620년 청교도들이 180톤짜리 배 메이플라워(Mayflower)호를 타고 도착했다. 버지니아회사의 주식 가격은 12파운드 10실링이었다. 이것은 한 명을 이민 보내는 비용이었다. 이 회사의 주주가 되려면 세 가지 방법이 있었다. 첫째는 자기는 영국에 있으면서 돈으로 주식을 1개 사는 것, 둘째는 자기가 직접 투자하고 직접 이민에 참가하는 것, 이때는 주식 2개가 배당되었다. 셋째는 자기 돈이 없이 단순히 노동력만 가지고 이민 갈 경우로, 이때는 주식 1개가 배당되었다. 주식의 배당 비율에 따라 정착지에서 토지가 분배되고 이 주식을 통합 운영하며, 7년이 지나면 그 이익을 배당 비율에 따라 나누었다. 청교도들은 돈이 없었기 때문에 투자자들과 이익을 절반씩 나누기로 했다. 그래서 빚에 시달려야 했으며 하루속히 경제적으로 독립하는 것이 목표였다. 이들은 엄격한 신앙심, 규율, 통제로 어려움을 이겨낼 수 있었다.

한편 아메리카 대륙에서는 런던회사가 파산 상태에 이르렀다. 청교도들은 런던회사를 투자자들로부터 1800파운드에 사들이고 약 600파운드에 달하는 회사의 빚을 넘겨받았다. 청교도들은 1629년에 세 차례에 걸쳐 자기 소유의 배를 취항시켰고 1644년에는 매사추세츠(Massachusetts)에서 처음으로 제철 공장을 가동함으로써 관련된 산업이 급속도로 발전하기 시작했다.

아메리카에서 영국 식민지는 청교도들의 근검절약과 신앙심, 자치적인 행정조직으로 말미암아 점차 확대되었다. 그런데 식민지의 경제는 영국의 경제에 종속되는 계획경제의 성격을 가지고 있었다. 당시 유럽 국제사회에서는 절대군주의 중상주의 사상이 지배적이었으며, 종교전쟁을 통해서 민족국가들이 생겨나고 있었다. 영국의 중상주의 사상은 아메리카 식민지에도 전파되었는데, 그 성격은 서로 달랐다. 영국의 중상주의는 국내에서 왕권과 귀족과 역사와 전통을 유지하고 식민지 경제를 조정하기 위한 수단이었지만, 식민지에서는 단지 상업주의의 모습만 남게 되었다.

대표적으로 미국에서는 경제적인 이해관계에 따라서 사회적 평가가 결정되었다. 이러한 경제적 자유주의와 경제적 개인주의 사회사상이 미국 건국이념의 배경이 되었다. 청교도의 경제적 경건함, 근검절약과 경제적인 능력을 우선하는 사회 배경은 다민족국가인 미국에서 이해관계에 따라서 결정되는 실용주의(pragmatism), 철학적인 설명보다 현실적인 현상을 중요하게 생각하는 행태주의(behavioralism)를 발달시켰다. 국내정치와 국제사회에서 다른 국가나 이데올로기에 의해서 제약을 받지 않고 자기의 이해관계에 따라서 실용적으로 행동하기 때문에 미국 정치에는 이데올로기 정당의 힘이 약하다.

미국은 경제적 이익을 위해서 유럽 국가 어느 쪽과도 군사동맹을 맺으려 하지 않았다. 이것은 미국의 고립주의를 경제적인 측면에서 보는 것이다. 군사동맹을 맺으면 한쪽 시장은 얻지만 다른 쪽 시장은 잃게 된다. 이러한 경제 우선 정책에서 토머스 페인(Thomas Paine)은 "유럽 전체가 우리의 시장이어야 하므로 어느 한 부분과 일방적인 결합은 하지 말아야 한다. … 유럽의 어느 국가와도 동맹 관계를 맺지 말고 통상조약만 맺어야 한다"라고 했고, 알렉산더 해밀턴(Alexander Hamilton)은 '상업제국의 대외정책'을 주장했다. 특히 조지 워싱턴(George Washington) 대통령은 1796년 고별사에서 "미국이 외국에 대해서 취해야 할 행동의 대원칙은 상업적인 교역은 확대하되 정치적인 관계는 가능한 맺지 않는 것"이라고 했으며, 제3대 대통령 토머스 제퍼슨(Thomas Jefferson)도 1801년 취임사에서 "모든 국가와 평화, 교역 및 정직한 우정을 유지하고 어떤 국가와도 동맹 관계를 맺지 않는 것을 원칙으로 한다"라고 했다.

미국 건국 아버지들의 이러한 생각은 미국이 유럽대륙과 지리적으로 멀리 떨어져 있다는 자연조건 때문에 가능했다. 이들이 당시 국제 상황을 자기들에게 유리하게 이용하고 유럽 강대국들의 위협에 대응하려고 점진적으로 선택한 정책들이 시간이 지나면서 미국 대외 정책의 이념이 된 것이다. 유럽 대륙에서 일어나는 전쟁과 멀리 있으면서 중립을 택한다는 것은 전쟁에 무관심하다는 뜻이 아니라, 미국의 군사력이 어느 정도 갖추어지면 국가이익에 따라 언제든지 전쟁에 개입할 수 있다는 뜻이었다.

1620년 청교도들이 메이플라워호를 타고 와서 투자자들에게 빚을 빨리 갚기 위해 했던 경제 우선적인 생각과 18세기 후반에 강대국의 간섭에 대응해 독립을 유지하려고 택했던 경제 우선 정책은 시간이 지나면서 해외 시장을 확대하려는 정책으로 변했으며, 해외 팽창과 제국주의 시대로 접어드는 미국 정치사상에 밑바탕을 만들어주었다. 이렇게 지리적 위치를 배경으로 하는 전쟁 회피와 경제 우선, 또는 시장 확대를 미국의 고립주의라고 한다. 미국의 고립주의는 유럽의 이분법적 세계 질서관과는 달리 일원적 세계 질서관을 만들었다. 이러한 일원적 세계 질서관은 미국을 중심으로 하는 세계 질서이다.

유럽의 세계 질서관은 세력균형 정책으로부터 나왔으며 국제사회를 적과 우방으로 나누어서 군사 전쟁을 앞으로 있을 가상 상황으로 정하기 때문에 헤게모니를 가진 강대국일지라도 세계시장의 절반만 가지게 된다. 그러나 미국 중심의 일원적 세계 질서는 유럽에서 진행되는 세력균형을 부정하기 때문에 미국으로서는 군사적인 적이 없어서 세계시장을 모두 얻을 수 있게 된다. 이것이 오늘날 미국이 주장하는 세계화이며 신자유주의 경제 정책이다.

이러한 미국의 시장 확보 정책으로는 1900년 중국 시장에 참여하기 위해 택했던 문호 개방 정책(Open Door Policy), 20세기 초반의 남아메리카 국가들에 대한 간섭 정책이 있다. 또 토머스 우드로 윌슨(Thomas Woodrow Wilson) 대통령이 세계시장으로 진출하기 위해서 주장했던 '공해에서의 항해의 자유'를 예로 들 수 있다. 1823년에 발표된 먼로 독트린은 남북아메리카 대륙을, 1885년에 조사이어 스트롱(Josiah Strong)이 주장했던 '명백한 운명(Manifest Destiny)'은 세계 전체를 미국의 시장으로 만들겠다는 의

지였다. 미국의 건국이념은 세계시장을 향한 상업 국가였다.

고립주의는 '자기 우월 의식에 따른 고립주의(holier-than-thou isolationism)', '자기 우월 의식에 따른 은둔주의(atavism)' 등 소극적으로 표현하기도 하고, '예외주의(exceptionalism)'라고 적극적으로 표현하기도 한다. 예외주의란 미국은 영국·스페인뿐만 아니라 세계의 어떤 국가와도 '다르다(different)'는 것으로 그 밑바탕에는 앵글로색슨 우월주의가 깔려 있다. 같은 앵글로색슨이라도 미국의 앵글로색슨이 영국의 앵글로색슨보다 우월하다는 것이다. 이러한 우월주의로 미국은 국제사회를 이끌려 하고, 다른 나라를 미국화하려 하며, 자기중심적이고 독선적인 행태를 보이게 된다. 소극적인 표현이든 적극적인 표현이든 미국의 고립주의는 '미국식 생활방식(American way of life)'으로서, 미국 사람들은 선택된 인종으로 세계를 이끌어야 할 사명(mission)이 있다고 생각한다. 고립주의가 미국 대외 정책의 독특한 이념이라면, 그 결과는 팽창주의이다.

6

마한의 해양 세력론과
미국의 태프트·가쓰라 밀약

미국이 처음 인구조사를 실시한 1790년에 400만이던 인구는 1810년이 되자 800만에 이르렀고, 1840년에 1700만, 1860년에는 3100만에 이르렀다. 또한 13개로 출발한 주 정부는 1837년에 26개로 늘었다. 따라서 19세기 중엽에는 늘어나는 인구를 수용하기 위해서 영토를 늘려야 한다는 팽창주의를 주장하는 여론이 강해졌다. 이런 배경에서 1845년 존 오설리번(John L. O'Sullivan)은 "인구 증가율로 보면 100년 뒤에는 2억 5000만 명이 될 것이므로 아메리카 대륙을 점령하는 것이 명백하게 정해진 하나님의 계시라는 것은 분명하다. … 연방 정부에 텍사스가 흡수된 것에 이어 다음에는 캘리포니아가 … 대륙을 가로질러서 태평양에 이르는 철도가 생긴다면 … 이러한 철도는 아시아 대륙의 모든 동쪽 해안 지역과의 무역에서 활용 가치가 엄청나다"라고 하면서 미국이 서부 지역으로 팽창하는 것은 신에게서 계시받은 '명백한 운명'이라고 했다. 캘리포니아는 1848년 연방에 흡수되었으며, 대륙횡단철도는 1869년에 첫 운행을 시작했다.

1880~1890년대 미국의 경제는 공업 생산이 농업 생산을 앞지르는 경제 구조로 바뀌었으므로 공업 생산품을 위한 시장이 필요했다. 해외시장을 확보하려는 시도의 배경는 자연과학과 사회과학을 바탕으로 한 시대적 사상도 함께 있었다. 1859년 다윈이 『종의 기원(On the Origin of Species)』을 발표하고, 1873년에 허버트 스펜서(Herbert Spencer)가 다윈의 자연과학을 사회과학에 도입한 사회진화론을 발표했다. 다윈과 스펜서의 자연도태, 적자생존, 생존경쟁의 사회사상은 우월주의를 자극하여 해외시장을 얻기 위한 제국주의 시대로 접어들게 했다.

이러한 해외팽창 여론을 이끌었던 사람들은 존 피스크(John Fiske), 존 버지스(John Burgess), 스트롱, 앨프리드 마한(Alfred Mahan), 시어도어 루스벨트(Theodore Roosevelt), 헨리 캐벗 로지(Henry Cabot Lodge) 등이었다. 역사학자인 피스크는 1885년에 출판된 『명백한 운명』에서 앵글로색슨의 우월성을 강조하며 이들에게는 널리 퍼져야 할 사명이 있다고 강조했다. 교회 목사인 스트롱도 1885년에 출판된 『우리나라: 가능한 미래와 현재의 위기(Our Country: Its Possible Future and Its Present Crisis)』에서 다음과 같이 주장했다.

인류에게 기독교는 필수적이고 … 이의 대표자는 앵글로색슨이다. … 기독교와 시민의 자유는 영국에서보다 미국에서 더 많이 발전했다. … 앵글로색슨의 특징 중에서 가장 두드러진 것은 돈을 만드는 힘이다. … 인구 이동이 이제는 태평양 연안까지 왔으며 … 인구 압력을 받는 시대가 오고 있다. 인종들이 마지막으로 경쟁하는 역사의 새로운 단계에 들어간다. … 앵글로색슨은 전 세계로 퍼질 것이다. 이 강력한 인종이 멕시코, 중앙아메리카, 남아메리카는 물론 그 밖에 있는 섬들과 아프리카와 그 이상으로 이동하리라고 확신한다.

해양 세력론은 미국 우월주의와 팽창주의를 주장했던 해군 제독 마한이 1890년에 쓴 논문 「해양 세력이 역사에 미친 영향(The Influence of Sea Power Upon History: 1660~1783)」과 1892년에 쓴 「해양 세력이 프랑스 혁명과 제국에 미친 영향(The Influence of Sea Power upon the French Revolution and Empire: 1793~1812)」으로 대표된다. 해양 세력론만큼 미국의 해외 팽창 정책, 특히 태평양과 아시아 정책에 영향을 미친 이론은 없을 것이다. 그가 만들어낸 아시아 정책의 틀은 오늘날에도 한반도에 크게 작용하고 있다. 그것은 뒤에서 설명할 태프트·가쓰라 밀약(Taft·Katsura Memorandum)이다.

마한은 지구 표면의 3분의 2가 되는 바다를 육지의 연장으로 생각하고 "바다를 지배하는 자는 세계를 지배한다"는 말로 해양 세력의 우월을 주장했다. 해외무역의 확대를 통해서 강대국이 될 수 있고, 생산한 상품은 자기 나라의 배를 이용하여 수송하는 것이 가장 이익이 많고 안전하므로 강력한 상선대(merchant fleet)를 만들어야 한다고 했다. 또한 이 상선대를 보호하기 위해 강력한 해군이 필요하다고 했다. 오늘날 미국의 대외 원조 정책에서 상품뿐만 아니라 운송 수단, 기술, 인력 등을 미국 것으로 우선 이용하라는 미국 것 우선 정책(By American Policy)은 마한의 상선대에 뿌리를 두고 있다.

당시 유럽 해군의 목표가 식민지 점령이었던 반면, 마한이 생각한 미국 해군의 목표는 해외시장 확보를 위해 상선대를 보호하는 것이었다. 즉, 유럽 국가들은 해양 전쟁을 통해서 식민지를 확대하면 시장이 넓어지고 국력이나 영향력이 강해진다고 생각했지만, 미국은 시장을 먼저 확보하면 그 지역이 미국의 영향권에 들어온다고 생각했다. 이것은 방법의 차이이다. 마한의 생각은 건국이념인 '상업 국가'의 연장이었다.

영국이 지중해의 지브롤터 해협을 지배하고 있기 때문에 프랑스 해군이 대서양과 지중해로 분리되어 통합군을 이루기 어려운 것처럼, 미국 해군의 약점도 대서양과 태평양으로 분리되어 있는 것이다. 미국은 이를 극복하고 미국과 유럽, 북아메리카와 남아메리카 무역의 길목을 차지하기 위해 파나마 운하를 건설하려고 했다. 영국 해군이 우월한 지위를 유지하는 것도 영국과 프랑스 사이의 도버 해협, 지브롤터 해협, 시칠리아 해협, 다다넬스 해협, 보스포러스 해협 등 바다의 중요한 길목을 지배하고 있기 때문이다. 미국은 1914년 파나마 운하가 완성된 이후 파나마 운하를 소유하다가 1999년에 파나마 정부에 반환했다.

미국 해군의 중심지인 미시시피 강 하류는 카리브 해에 접해 있고, 카리브 지역에서는 유럽 국가들의 영향력이 강하다. 미국은 카리브 해를 미국이 지배해야 하며, 아바나를 통해서 미국 해군을 봉쇄할 수 있기 때문에 이를 막기 위해 쿠바를 점령해야 한다고 주장했다.

마한의 태평양 전략은 앵글로색슨, 특히 영국의 앵글로색슨보다 미국의 앵글로색슨이 더 우월하다는 우월주의에 바탕을 둔다. 이 전략은 미국이 유럽 문명의 보호자, 문명의 신탁을 받은 자, 유럽 문명을 보호하는 방파제 역할을 한다는 미국의 사명(American Mission)을 강조했다.

또 앞으로 태평양에서 상대할 대상은 러시아, 중국, 일본이고, 러시아가 대륙 세력의 지리적인 장점을 이용하여 태평양에 진출하면 이 지역에서 백인, 특히 앵글로색슨의 우월성이 도전받게 된다고 했다. 그렇게 되면 유럽 해양 세력들의 무역 통로가 위협받게 되므로 미국을 포함한 유럽 국가들은 러시아에 대하여 세력균형을 유지해야 한다는 것이다. 해양 세력들이 러시아를 봉쇄하는 것은 불가능하므로 러시아에 영토를 보상해주어서 태평양으로 나오는 것을 막아야 한다고 했다. 이를 위해 첫째로 러시아가 만주에 진출해 정치적인 관할권을 행사하게 하고, 둘째로 중국의 수도를 양쯔 강 지역으로 옮겨서 유럽 해양 국가들의 직접적인 영향권에 두고, 셋째로 중국을 정치적으로 분열시켜야 하는 것을 피할 수 없다고 했다. 1905년 러일 전쟁 이후 이루어진 포츠머스 평화 회담에서 미국은 러시아와 일본 모두 전쟁에 이기지도 지지도 않게 중재했다. 이로써 미국은 일본을 이용해 러시아가 태평양으로 나오는 것을 막았다.

중국은 보수적이고, 변하거나 진보하는 것을 바라지 않고 바위처럼 정체된 사회이다. 이 때문에 기독교를 받아들인다거나 유럽의 도덕적인 가치 기준을 따르는 것은 불가능하다. 중국이 엄청난 인구를 바탕으로 유럽으로 진출한다면 미국은 유럽 문명의 보호자로서 맡은 바 사명을 다해 막아야 한다. 중국을 막는 문명의 전진기지로서 하와이를 점령해야 한다. 하와이는 태평양 한가운데에 있어서 비슷한 거리로 샌프란시스코, 오스트레일리아, 뉴질랜드 등에 닿을 수 있기에 해양 세력의 전진기지로 적합하다.

일본은 유럽의 생활 방식, 가치 기준 등을 받아들이고 진보를 이루어서 문명에 동화하려고 노력하고 있다. 그러나 절반쯤 서양화된 일본이 서양 문명을 받아들이지 않는 중국보다 더 위험할 수 있다. 마한은 이러한 판단으로 일본의 위협을 막기 위해 오히려 일본을 동반자로 활용하려 했다. 일본은 아시아에서 유일하게 유럽 문명을 받아들여서 어느 정도 서양화되었을 뿐만 아니라, 섬나라라는 지리적 위치로도 유럽 해양 세력과 협력이 가능하다고 보았다.

1898년 1월 12일 쿠바의 아바나 항구에 친선 방문하여 머물고 있던 미국 군함 메인(Maine)호에 폭발 사고가 일어나 미국인 260명이 사망했다. 이 사고는 오늘날까지도 원인이 밝혀지지 않았다. '메인호를 잊지 말자'를 앞세워 1898년 4월 24일에 미국·스페인 전쟁이 발발했다. 이 전쟁 중에 미국은 하와이를 점령했다(1898.7.7). 파리조약(1898.12.10)에서 스페인은 쿠바에 대한 주권을 포기하고, 미국이 쿠바를 점령하는 동안 쿠바의 질서를 잡도록 했다. 또 필리핀, 푸에르토리코, 괌을 미국에 할양했다. 미국은 필리핀을 할양받는 대가로 스페인에 2000만 달러를 지불했다.

미국은 태평양에 있는 섬들을 합병 또는 할양받고, 1903년 파나마 운하의 양쪽 5마일 지대에 대한 영구적인 사용권과 관할권을 파나마 정부로부터 얻어냈다. 이를 통해 마한이 구상했던 태평양 해군기지가 완성되었고, 미국은 20세기 태평양 세력으로서의 헤게모니를 가지게 되었다. 아시아, 특히 중국의 위협에 대응하여 하와이를 점령했던 마한의 해군기지 전략으로 미국은 모든 전쟁을 본토에서 멀리 떨어진 곳에서 치르게 되었다. 즉, 미국으로서는 세계의 모든 전쟁이 본토에서 멀리 떨어진 곳에서 벌어지는 국지전이 된 것이다. 이것은 마한이 미국 역사에 가르친 교훈이다. 마한의 해군기지 전략은 과학이 발달한 오늘날에도 항공모함과 잠수함 전략과 공군 해외기지 전략으로 활용되고 있다.

특히 마한의 해양 세력론이 오늘날 한반도에 미치는 영향은 대단하다. 대륙 세력인 러시아가 바다로 나오는 것을 막기 위해서 미국과 영국이 태평양에서 협력해야 한다는 생각과 섬나라 일본을 유럽 해양 세력의 동반자로 받아들이자는 마한의 태평양 구상은 1894년의 청일 전쟁과 1904년 러일 전쟁에서 구체화되었다. 아시아에서는 일본이 중국과 러시아에 대항하게 하여 대륙 세력과 해양 세력의 세력균형을 이루고, 미국은 태평양에서 자유롭고 유일한 해양 세력으로 헤게모니를 지킨다는 구상이다. 이런 구상이 한반도에 영향을 미치게 된 것은 러일 전쟁이 끝나는 1905년에 미국과 일본이 맺은 태프트·가쓰라 밀약 때문이다. 이 밀약은 미국의 윌리엄 태프트(William Taft) 육군장관이 가쓰라 다로(桂太郎) 총리와 1905년 7월 29일에 맺었다.

이 극비문서는 외교사가 타일러 데닛(Tyler Dennett)이 루스벨트 대통령의 개인 문서를 연구하다가 발견해, 1924년 ≪커런트 히스토리(Current History)≫에 발표하면서 알려지게 되었다. 밀약의 내용은 다음과 같다.

> 첫째, 필리핀에서 일본의 유일한 이익은 필리핀 군도가 미국과 같은 강력하고 우호적인 국가의 통치를 받는 일이며, 그 군도가 아직 자치할 준비가 되지 않은 현지인의 통치에 있거나 또는 비우호적인 유럽 국가의 수중에 들어가는 것이 아니다. … 일본은 필리핀에 관해 어떤 공격적인 의도도 없다고 확인했다. 추가로, 황화론과 같은 비꼬는 말은 모두 일본에 … 악의 있는 중상에 지나지 않는다.
>
> 둘째, 극동에서의 전반적인 평화 유지는 공동의 이해를 가진 일본, 미국, 영국의 세 정부 사이에 확실한 양해를 성립시키는 것이다. …
>
> 셋째, 한반도 문제의 완전한 해결은 일본에 절대적으로 중요한 문제로, 러일 전쟁의 논리적 결과가 되어야 한다. … 이를 위해서 한국이 일본의 동의 없이 어떤 국가와도 조약을 체결할 수 없다는 것을 요구할 정도의 종주권을 일본군이 확립하는 것이다. 이것이 이번 전쟁의 논리적 결과이며, 동양에서의 항구적 평화에 직접적으로 공헌하는 일이다.

일본은 이 구상의 결과로 1905년 한국에 을사조약을 강요했고, 1910년에는 한국을 병합했다. 태프트·가쓰라 밀약으로 일본은 필리핀에서의 지위를 포기하는 대신 한반도에서 독점적인 지배권을 확보했고, 미국은 1898년 미국·스페인 전쟁에서 얻은 태평양의 지배권을 보장받았다. 일본은 해양 세력으로서 태평양으로 가던 길을 바꿔서 한반도와 아시아 대륙을 향하는 대륙 세력의 길을 가게 되었으며 아시아 대륙과 군사적인 대립 관계를 형성했다. 이를 통해 미국은 군사 대립 없이 아시아 시장을 확보하여 건국의 아버지들이 생각했던 시장 우선의 건국이념을 실현했다.

오늘날에도 미국은 한반도 방위를 일본에 맡기려 하고 있다. 미국의 한반도 정책은 태프트·가쓰라 밀약의 범위를 벗어나지 못한다. 미국의 일본 정책은 태프트·가쓰라 밀약 속에 있으며, 일본의 한반도 정책 또한 태프트·가쓰라 밀약 속에 있다. 미국은 태평양에 나가려는 러시아를 일본으로 막았으며, 앞으로 미국에 가장 큰 위협이 될 것으로 보이는 중국의 황화론을 중국과 같은 황인종인 일본이 싸우도록 하여 막았다.

7

중국의 유교 가족주의와
불평등한 세계 질서

중국이라는 말은 세상의 중심에 있는 나라라는 뜻이다. 이 나라는 물자가 풍부하고 문화가 발달했기 때문에, 주변에 있는 나라들은 물자를 얻거나 문화를 배우기 위해 선물을 들고 찾아왔고, 답례로 물자와 문화를 받아갔다. 시간이 지나서 주변의 문화 수준이 중심과 같아지면 주변은 중심에 흡수되며 중심은 점점 커진다. 주변에 있는 나라들은 중심을 닮아간다. 이것을 중화사상이라고 하며 중국 주변의 나라들이 중국문화에 동화하도록 작용한다. 오늘날 13~14억 명에 이르는 중국 인구의 95% 정도를 차지하는 중화 민족인 한족은 주변에 있던 350여 개의 민족들이 중국에 동화된 민족들의 합이다. 한족은 12~13억 명의 인구를 가진 세계에서 제일 큰 단일민족이다.

고대 중국은 기원전 3000~2000년 황하 중류 지역에서 농경문화를 발달시키고 정착 생활을 시작했다. 이때부터 인구가 늘고 경제력이 강해지고 정치조직이 생겨나서 국가 형태를 갖추게 되었다. 당시 주변에 있는 민족들은 사냥이나 채집을 하는 원시적인 경제 상태에 있었다. 중화사상이 자리를 잡은 것은 춘추전국시대였다. 중화 세계의 질서는 인류 최초의 조직인 가족을 확대한 것이다. 유교의 가족 관계는 윗사람에 대한 아랫사람의 효(孝)와 윗사람의 내리사랑인 덕(德)을 바탕으로 한다. 효를 확대해서 국가에 적용한 것이 충(忠)이다.

중화 세계의 질서는 유교의 수신제가치국평천하(修身齊家治國平天下)이다. 이것은 개인의 인격 수양을 위한 단계로 사람이 수양을 잘해야(수신), 집안을 다스리고(제가), 집안을 잘 다스려야 나라를 다스리며(치국), 나라를 잘 다스려야 천하를 화평하게 한다(평천하)는 뜻이다. 이것을 세계 질서에 적용하면 천하(세계)는 국가(치국)로 이루어지고 국가는 가문(집안)으로 이루어지며, 가문은 개인(수신)으로 이루어진다는 뜻이다. 세계(천하)에는 천자(天子)가 다스리는 중심인 중국(중화) 하나만 있으며 주변에 있는 크고 작은 야만 집단의 지배자는 중화에 동화된 정도에 따라 왕(王), 후(侯), 군(君), 장(長)의 칭호를 가졌다. 이것이 중국의 천하주의이다. 천하주의 중화 세계는 중심이 있고 그 주위에 여러 층의 주변을 가진다. 주변이 중화에 완전히 동화되면 중심에 흡수되어 중국의 군현제도에 편입되어 없어진다. 천하주의는 불평등한 세계 질서이다.

천하사상은 대체로 법치주의와 강력한 중앙집권, 행정적인 군현제도를 주장하는 법가, 위아래의 예의와 인(仁)을 중요시하는 유가, 하늘과 인간을 하나로 보는 자연주의적인 도가로 구별할 수 있다. 특히 도가는 인위적인 통치를 싫어하기 때문에 도가가 보는 천하의 범위는 유가가 생각하는 범위보다 81배나 더 크다고 한다. 수신제가치국평천하의 중화 세계에서 작은 집단들은 독립적인 주체가 아니라 좀 더 큰 집단에 소속된 부분에 불과하다. 이것이 아시아적 집단주의(asiatic collectivism)이다. 유럽문화권에서는 독립된 개인이 모여서 집단을 이루기 때문에 개인 이익을 앞세우지만, 중화문화권에서는 집단 이익을 앞세운다. 국제적인 인권 논쟁에서도 미국과 중국의 입장이 다르다.

주변 민족들은 우수한 문화를 보고 배우기 위해서 선물(조공)을 가지고 중국을 방문했다. 중국은 이것을 이용해 이들을 봉건 군주로 책봉하고 복종하게 했다. 주변 지역을 사방(四方), 사해(四海), 구주(九州)라 했으며, 만주와 한반도에 사는 민족을 동이(東夷), 몽골의 유목민족을 북적(北狄), 서쪽의 유목과 농업을 겸하는 민족을 서융(西戎), 남쪽의 동남아시아 민족들을 남만(南蠻)이라 했다.

중국이 조공과 책봉을 유지하기 위해서는 문명과 오랑캐를 구별하는 화이(華夷)사상과 풍부한 물자를 기반으로 한 자급자족경제가 필요했다. 노자의 무위(無爲) 사상은 중국문화를 발달이 완성된 것으로 생각하고 주변의 야만문화들과 교류를 끊고 스스로 고립되기를 택했다. 이로써 중국은 정체된 사회에 머물렀다. 주변 민족들의 저항을 다스릴 수만 있다면 어떠한 사회 변화도 바라지 않았다. 중국은 군사적인 견제 또는 문화적·종교적인 통제를 위한 수단, 물질적 자원의 관리 등 여러 가지 목적을 위해서 조공을 바치는 주변 민족(변방)을 완충지대로 유지했다.

1592년 임진왜란 때 명나라가 조선을 도운 것, 1950년 한국 전쟁 때 중국이 개입한 것은 도와주었다기보다 중국의 이익을 위해서였다. 한반도를 중국 본토로 전쟁이 번지지 않도록 막는 완충지대로 여겼기 때문이다. 이는 미국의 마한이 모든 전쟁을 미국 본토에서 멀리 떨어진 국지전으로 만든 것과 같은 이치다.

주변 민족들이 자기 지역에서 나는 토산품으로 중국에 조공을 바치면 중국은 이에 대한 답례로 그와 비슷하거나 더 많은 물품과 함께 중국의 학문적인 책, 기술 또는 도움이 되는 충고를 주었다. 조공과 그 답례로 물건을 주고받는 것은 조공무역으로 당시에는 국제무역의 역할을 했다. 중국의 책이나 기술을 전하는 것은 아랫사람에게 덕치(德治)를 베푸는 것으로 문화를 전파하는 수단이었다. 주변 민족들은 조공 제도를 통해 오랜 기간 문화를 답례로 받음으로써 중국문화에 동화되었고, 중국문화에 동화된 정도에 따라 계층구조를 이루었다. 따라서 주변 민족들은 계층구조의 높은 단계에 도달하기 위해서 더 많은 조공을 바치거나 스스로 중국문화를 모방하여 중국처럼 되려고 노력했다.

그러나 조공은 바치는 물품의 양이 아니라 바치는 횟수에 따라서 중국문화에 동화된 정도와 발전 단계가 결정되었다. 그리고 조공을 바치는 횟수는 주변 민족들이 스스로 결정하는 것이 아니라, 중국이 권위적으로 결정했다. 이처럼 희소한 가치를 중국이 권위적으로 분배하는 행위는 오늘날 사회과학의 체계이론(system theory)의 성립 원리와 같다. 중국은 조공을 통해서 주변 민족들의 물품이 아니라, 그 속에 담긴 복종하는 마음을 받아낸 것이다. 이는 중국식 계몽주의이며 동화 정책(assimilation process)이다.

중국의 조공 제도는 유럽문화권의 조공 제도와 차이가 있다. 유럽의 경우는 조공을 많이 받아서 자기의 군사력을 키우는 수단으로 삼는 한편 예속 국가에 조공을 많이 물림으로써 해당 국가의 군사 비용을 줄여서 저항하지 못하게 하는 것이 조공의 목적이었다.

조선의 조공 횟수는 주변 국가(변방) 중에서 가장 많았다. 그만큼 조선은 가장 많이 중국화되었다. 오늘날 중국문화권 국가라고 하면 중국, 한국(한반도), 베트남을 말한다. 세 국가는 모두 사람 이름이 대개 세 글자라는 공통점이 있다. 사람까지 동화되었다는 증거이다.

중화 세계 질서는 가족의 질서를 확대한 것이다. 가족 관계는 관습법 질서이므로 중화 세계 질서는 관습법 체계를 가진다. 이는 오랜 시간을 두고 계속되는 인간관계와 문화관계로 이루어지는 사회규범이므로 문서화된 계약이나 조약보다는 약속을 중요하게 생각한다. 가족 관계는 윗사람과 아랫사람의 약속 관계이다. 반면 직선사관을 가지는 유럽문화권에서는 역사 발전을 물질적인 숫자의 축적 과정(accumulation process)으로 보기 때문에 서로의 이해관계를 짧은 시간에 합의하는 계약이나 조약을 앞세우는 실정법 체계를 가진다.

관습법 체계에서는 사회 변화가 오랜 시간을 두고 일어나기 때문에, 관습법 체계를 바탕으로 하는 사회에서 보통 사람들은 사회가 변하는 과정은 알 수가 없고 변화된 결과만 볼 수 있다. 이것은 '구렁이 담 넘어간다'라는 말과 연극 무대가 변하는 것으로 비유할 수 있다. 구렁이가 담을 넘어가는 것은 구렁이가 사라진 다음에야 알 수 있고, 연극 무대의 변화는 무대막이 내려진 채 무대장치가 완전히 바뀐 다음 막이 올라가야만 알 수 있다. 조공은 조약이 아니라 약속이다. 오랜 시간 조공을 바치다 보면 주변 국가는 자기도 모르는 사이에 중국이라는 블랙홀에 빠져서 사라진다.

8

중국의 문화 제국주의

중국은 조공 제도와 책봉 제도를 유지하기 위해서 자급자족경제와 우월한 문화가 필요했다. 조공보다 더 많은 답례를 위해서는 풍부한 물자가 필요했고, 주변 국가가 존경하며 복종하게 하려면 우수한 문화가 있어야 했다. 주변 국가들은 문화적으로는 중국을 모방하려 했고 대외적으로는 중국을 높이 받드는 사대주의를 선택했다. 중국문화에 동화된 정도를 나타내는 조공 횟수가 많을수록 사대주의는 더욱 강하게 나타났다. 사대주의는 중국을 대하는 변방들의 기본 태도였으며, 중화 세계 안에서 국가들의 불평등한 국제관례였다. 이것은 유럽문화권의 평등한 국제관례와는 다르다.

중국은 변방이 중국에 반항하지 않는 한 중국문화에 완전히 동화될 때까지 오랜 시간 그들의 국내문제를 모두 자치에 맡기고, 변방들이 자치 사항을 실시하기 전이나 실시한 다음에 이를 승인하는 책봉 제도를 썼다. 그러나 변방의 동화 정도가 중국에 가깝다고 판단되면 그 정도에 따라 차

츰차츰 자치권을 박탈하여, 결국에는 중국의 군현제도에 병합시켜서 영토를 넓히고, 그 변방의 바깥쪽에 또 다른 새로운 변방을 만들었다. 이것이 중국의 팽창 정책이다. 단순화해 말하자면, 이러한 방법으로 세계 전체를 중국화한다는 논리이다. 이것을 중국의 문화 제국주의(cultural imperialism, culture-centrism)라고 한다.

문화의 확대 범위는 정확하게 알 수가 없다. 따라서 중국의 세력범위는 '권(sphere)'으로 이루어지고 이웃들과의 경계는 '지대(zone)'로 나타났다. 경계 지대는 이웃 세력들과의 완충 지대로 이용되었다. 문화 제국주의 관점에서 보면 중국문화는 주변의 문화를 받아들이거나 흡수한 문화이다. 중국문화는 시간이 지나고 동화가 계속되면서 점점 복합적인 문화로 발전하여 지리적 범위도 넓어진다. 오랜 시간을 두고 이루어지는 중국의 문화 제국주의는 주변 문화들이 한 번 빠지면 나오지 못하는 '문화의 블랙홀(black hole)'이다. 이것은 오늘날 세계화 시대에 싫든 좋든 서로 돕고 의지하며 살아야 한다는 '죄수의 딜레마(prisoners' dilemma)'와 비슷하다.

중국의 경계는 지대였던 반면, 유럽은 영토 팽창이 짧은 시간에 군사적인 정복을 통해서 이루어지기 때문에 경계가 '선(line)'이 된다. 군사 정복으로 이루어진 러시아의 영토 팽창의 국경은 '선'이었던 반면 중국의 문화 전파는 '지대'를 경계로 이루어졌는데, 이러한 문화적인 차이가 1950년대에 중국과 소련(러시아) 사이에 있었던 국경분쟁의 원인이 되기도 했다. 또한 유럽의 식민지는 시간이 지나면 독립할 수 있지만, 중국의 문화 제국주의하에서 식민지는 사람과 문화가 중국화되었기 때문에 독립이 불가능하다.

구체적인 모습이 있든 없든 문화를 만드는 것은 생각하는 방식이며, 생각하는 방식은 인간에게서 나온다. 인간이 문화를 만들기 때문에 인간은 문화의 운반 수단이다. 따라서 생각하는 방식의 차이에 따라서 영토 팽창의 방법도 다르다. 중국의 문화를 전파하여 먼저 인간을 얻으면 그들이 사는 땅은 중국의 것이 된다. 이것은 중국과 중국 역사가 '인간 중심 사회'라고 주장하는 논리이다. 반면에 유럽 국가들은 군사 정복으로 먼저 땅(식민지)을 얻으면 그 땅에 사는 인간이 자기 것이 된다. 자기 나라의 인간들이 그곳에서 살기 위해서는 원주민들을 노예로 만든다. 이것은 유럽이 인종주의 세계 질서를 가진다는 증거이다. 미국은 상품 시장을 먼저 얻으면 그 땅이 자기의 영향권에 든다고 생각한다. 이것은 미국의 건국이념이 경제 우선과 세계시장의 확보라는 증거이다.

'수신제가치국평천하'의 불평등 관계로 이루어지는 중국의 천하주의 세계 질서에는 강력한 힘을 가진 중심과 다양성(차이)·독자성을 자치적으로 유지하는 주변이 있다. 그러나 독자성을 유지하는 것은 중국(중심)에 순종할 때에만 가능하다. 변방이 순종하는지를 감시하는 방법 중의 하나가 조공 제도인 것이다. 만일 변방이 예의를 지키지 않거나 중국에 대항할 만한 군사력을 키울 가능성이 있으면 중국은 그에 대한 징벌로 그 변방의 내정에 간섭하거나 군사적으로 정복했다. 중국에 이것은 예방전쟁이자 세계 질서의 가부장적 권위주의이다. 주변과 주변 사이의 직접 교류는 불가능했으며, 중심인 중국을 통한 간접 교류만 가능했다. 이러한 관점에서 보면 백제의 멸망은, 조공을 바치는 백제가 조공을 바치지 않는 야만인 일본에 천자문을 전하는 등 문화 교류를 직접 한 것에 대해서 신라를 통해 징벌한 결과로 볼 수 있다(以夷制夷).

중화 세계에서는 중국에 절대주권이 있으며 주변 변방들은 국내정치의 자치가 허용된 만큼 상대주권이 생긴다. 이것을 다른 말로 하면 천하주의 세계정부이다. 이것은 '모든 국가는 세계 속에서 상대주권이 있다'라는 세계화 시대의 논리와 같다.

중화 세계에서 중국이 가지는 절대주권과 가부장적 권위주의는 19세기 기독교문화권(유럽문화권) 국가들이 중국을 침략할 때에 잘 나타났다. 본래 콜럼버스 이후에 유럽 국가들은 하나의 유럽 국가가 상륙한 지점에서 점령지(식민지)를 점점 넓히면서 그 문화권의 중심에 들어가서 멸망시켰다. 또는 하나의 식민지를 유럽 국가들 여럿이 분할하여 점령하기도 했다. 그리고 국가 하나의 힘(군사력)만으로도 비유럽문화권을 정복할 수 있었기 때문에 유럽 국가들은 세계 여러 지역에서 각각 자기의 영향권(interest sphere)이나 식민지를 만들었다. 특히 이슬람문화권의 아랍 지역이나 힌두문화권의 인도 지역의 경우, 문화 특성은 대단히 강하지만 자기의 문화권 모두를 관리하는 강력한 중심이 없었기 때문에 국가 하나의 힘으로도 그 지역을 '분열시켜서 통치(divide and rule)'하는 방법으로 정복할 수 있었다.

유럽문화권 국가들은 19세기 중반 마지막으로 중국을 식민지로 삼으려 했다. 그러나 중국은 유럽 국가들에 대해 중국문화를 전혀 모르는 야만 민족이라고 여겨서 중국의 지배자인 천자가 살고 있는 베이징 가까이 오지 못하게 하고 멀리 떨어진 광둥 지방에만 있게 했다. 또한 문화적으로 뒤진다는 이유로 중국 사람들과 직접 거래하지 못하게 하고 중국 정부의 허가를 받은 중간 거래업자인 공행(公行)을 통해서만 허락했다.

유럽문화권 국가 하나의 힘으로는 중국의 일부 지역을 점령하거나 중심에 다가갈 수가 없었다. 1839년 중국과 영국의 아편 전쟁 이후 유럽문화권은 중국에 진출하기 위해서는 우선 베이징에 있는 강력한 중심인 가부장적인 중앙집권을 무너뜨려야 한다고 생각했다. 유럽 국가들은 서로 싸우는 것을 멈추고 중국이라는 강력한 중심을 무너뜨리는 일에 서로 힘을 모아 협력했다. 이것을 유럽협조체제(European concert)라고 한다. 유럽 협조체제를 가능하게 했던 것은 수교조약에 있는 최혜국조항(most favored nation clause)이었다.

유럽 각국은 서로 갈등하고 의견을 달리하면서도 어느 한 국가가 중국에서 특혜를 얻어내면 모두 이것을 공유했으므로 유럽협조체제가 만들어졌다. 중국은 이런 상황을 알지 못했다. 1860년 베이징조약을 통해 유럽의 외교관들이 중국문화권의 중심인 베이징에 주재할 수 있기까지는 20년의 시간이 걸렸다. 최종 목표는 중국을 여러 개의 지역이나 국가로 분열시켜서 식민지로 만드는 것이었다. 그러나 중국의 권위주의 중앙집권 때문에 어려웠다. 그래서 유럽협조체제는 서로 갈등하면서 조차지를 만들었다. 중국의 중앙정부가 지방을 통제하는 힘을 점점 잃었기 때문이다.

타이완과 홍콩, 마카오에 대한 중국의 '1국가 2제도'는 통일 정책으로뿐만 아니라, 그 결과로 생겨난 '중화 대북(타이완)', '중화 홍콩', '중화 마카오'를 상대주권을 가진 지방정부로 남게 했다. 이로써 중앙정부는 중국 안에 여러 개의 제도를 인정함으로써 이들이 세계 모든 지역에 있는 제도를 상대할 수 있는 대화 창구를 만들어주는 역할을 한다. 중국, 타이완, 홍콩, 마카오, 심지어 싱가포르와 해외 화교들도 이러한 대화 창구가 된다.

이것은 강력한 중앙집권과 다양화된 지방들의 중국협조체제(Chinese concert)라고 할 수 있다. 오늘날 중국은 미국과 세계 패권을 목표로 경쟁한다. 중국은 유럽협조체제에 의해 행동에 제한을 받을 가능성이 있다. 이에 대응하려면 중국협조체제가 필요하다. 중국은 하나의 국가인 동시에 세계에서 가장 크고 통합이 잘된 지역공동체이다. 중국은 하나가 아니다. 중국은 친미적인 중화 대북을 이용하여 중국의 중심에 오는 미국의 압력을 약화시킨다.

9

중국의 대량사회와
일원적 세력균형

　중국은 문화의 우월성, 풍부한 물자, 조공 책봉 제도 등으로 주변에 있는 민족들을 오랜 시간을 두고 동화시키고 굴복시켜서 오늘날 13~14억 명의 인구를 가진 대량사회를 이루었다. 이 중에서 95% 정도인 12~13억 명은 350여 개의 민족들이 중국문화에 동화된 한족이다. 한족은 세계에서 제일 큰 단일민족이지만, 생물학적 동질성이 아니라 문화적 동질성을 가진다. 오랜 시간 동안 중국 주변에 있던 민족들의 땅은 민족과 함께 흡수되어 중국의 영토가 되었다.

　인구가 전 세계 인구의 약 4분의 1에 달하는 중국은 세계에서 제일 많은 인구를 가진 단일국가이자 지역공동체이다. 세계에서 중국만큼 크고 통합이 잘된 중앙정부와 제도를 갖춘 지역공동체는 없다. 중국은 하나가 아니다. 오늘날 주변 국가들이 중국과 교류하지만 중국 전체가 아니라 중국의 일부분을 상대하고 있다. 21세기 세계화 시대에서 헤게모니 세력이 되려면 질을 강조하는 엘리트도 중요하지만, 양을 가진 대량사회가 유리하다. 중국은 많은 인구와 이에 따른 사회 다양성, 넓은 영토와 이에 따른 풍부한 자원, 또한 이들을 뒷받침하는 철학과 사회사상을 갖춘 대량사회이다.

중국 인구의 5% 정도인 6000~7000만 명이 소수민족이다. 중국은 이들을 55개 민족으로 구분하여 집합시켰다. 티베트 민족과 신장웨이우얼자치구의 위구르를 제외하고는 위협이 되지 않기 때문이다. 공산주의 소련(러시아)은 달랐다. 1990년 소련이 무너질 때에 인구는 약 3억 명 정도였는데 그중 러시아 민족은 50%를 조금 넘었다. 소련은 인구의 절반 정도 되는 소수민족을 150개 정도로 나누었다. 크게 나누면 연방을 유지하기 어렵기 때문이었다. 그러나 소련이 무너지고 나서 시행된 인구조사에서는 소수민족 수가 200여 개 정도로 늘었다. 그동안 억압과 사회적 불이익 때문에 숨겼던 민족 정체성을 밝혔기 때문이라고 한다.

1937년 소련 연해주에 살던 고려인 18만 명이 중앙아시아로 강제 이주되었다. 고려인뿐만 아니라 다른 소수민족들도 강제로 이주되었다. 소수민족들을 집단으로 모여 살지 못하게 하고 서로 섞고 분산시켜 연방을 유지하기 위해서였다. 그러나 1990년 공산주의가 무너지고 억압이 없어지면서 소련은 여러 개의 국가로 분열되었다. 이것은 중국이 오랜 시간에 걸쳐서 소수민족들을 동화시키고 중국화했던 것과 달리 러시아는 짧은 시간에 군사적인 정복으로 소수민족들을 굴복시켰기 때문에 동화시키지 못했던 차이를 증명하는 것이다.

중국을 대량사회로 만들고 세력을 주변으로 넓히는 또 다른 요인으로는 일원적 세력균형이 있다. 이것은 유럽문화권의 이원적 세력균형과 다르다.

유럽문화권의 이원적 세력균형은 기본적으로 '천국과 지옥', '선과 악',

〔그림 1〕 유럽의 이원적 세력균형과 중국의 일원적 세력균형

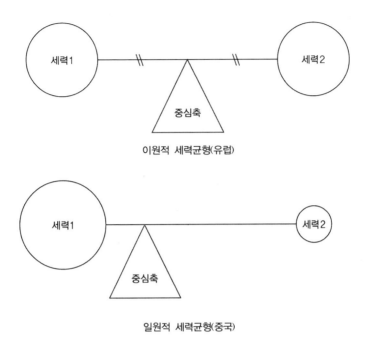

〔그림 1〕 유럽의 이원적 세력균형과 중국의 일원적 세력균형

'너와 나', '적과 우방', '흑과 백' 등 이분법의 사고방식에서 나온 것으로 세계를 둘로 나눈다. 따라서 '나(선)'를 정당화시키거나 합리화시키기 위해서는 '적(악)'을 만들어내야 한다. 그만큼 행동 범위는 절반으로 좁아지며 다양성을 포용하는 능력도 약해진다.

그러나 중국문화의 일원적 세력균형은 천하를 중심과 주변으로 생각하여 천하는 하나라고 하는 사상에서 나온 것이다. 차이에 따라 구별하지 않기 때문에 그만큼 다양성의 포용 능력이 커진다.

중국의 일원적 세력균형은 세력들 사이에서 균형을 잡기 위해 세력들을 이동시키지 않고 하나로 유지한다. 이것은 중국의 문화 중심주의로서

유럽의 인종 중심주의(ethno-centrism)의 팽창 정책과 다르다. 유교 가족주의에서 부모는 하나뿐인 권위를 가지며 가족 구성원들의 이해관계를 조정하고 그들의 다양성을 포용한다. 부모는 후손들에게 공평하게 대하기도 하지만 능력 있고 잘된 후손에게 힘을 보태주어서 집안(가문)을 더욱 번창하게 이끈다. 만일 후손이 능력이 없다면 양자를 받아들여서 집안을 번창하도록 한다. 능력 있는 양자를 들여서 집안의 가업을 번창하게 하는 것은 일본에서는 '이에(家)' 제도로 나타난다.

중국의 일원적 세력균형에서 중심축을 움직여서 균형을 잡는 것은 유교의 중용(中庸)사상에서 온 것이다. 유교 권위주의 사회의 정치 현상에서 최고 권력자는 정책의 신념이나 이데올로기로 정책을 결정하지 않는다. 그는 정치 세력들 사이의 조정자로서 강한 세력 편에 서기 때문에 그의 말과 행동은 고정적이 아니라 상황에 따라서 달라진다.

이러한 유교적 정치 행태는 정치 세력을 하나로 유지한다는 긍정적인 면도 있지만, 새로운 세력이 나오는 것을 방해하고 엘리트 순환이 잘 이루어지지 못하게 한다는 부정적인 면도 있다. 따라서 가부장적인 유교 권위주의 사회에서는 정권 교체가 잘 이루어지지 않으며 장기 집권의 악순환이 계속된다.

중국의 문화 중심주의에서는 중국을 지배하고 통치하는 정해진 중심 민족이 따로 있는 것이 아니다. 비록 군사적으로 중국을 정복했다 할지라도 중국문화를 보존하고 계속 유지하는 것을 하늘의 축복으로, 천명(天命)을 받은 것으로 여기면 중심 민족이 될 수 있다. 한족은 중국문화를 보존하면서 서로 동화된 350여 개 소수민족이다. 그러나 한족은 유일한 중심 민족이 아니다.

중국 역사에서는 주변의 야만 민족들이 자주 침입했다. 그중에서 북위,

요, 금, 원, 청은 중국 안에 국가를 세우기도 했다. 북위(386~534년)는 몽골의 선비족이 북중국과 내몽골 지방에 세운 국가였고, 요(991~1125년)는 내몽골의 거란족이 동북 지방에 세웠으며, 금(1115~1212년)은 여진족이 만주 지방에 세웠고, 원(1205~1367년)은 몽골 지방에서 시작하여 중국과 유라시아 대륙을 대부분 지배했다. 또 청(1616~1912년)은 만주 지방에서 시작하여 만주족(여진족) 30만 명이 중국에 들어와서 지배했다.

이들은 대체로 유목민이기 때문에 중국을 정복했으나 대량사회를 통치할 철학이나 제도를 가지지 못했다. 따라서 문화적으로 낮은 수준인 정복민족들은 제도, 통치 철학, 중국인 관리들을 그대로 이용했다. 특히 이들은 농경 사회인 중국에서 인구의 대부분을 차지하는 농촌의 치안 유지를 위해 중국인으로 이루어진 관리와 군인에게 그 책임을 맡겼다. 중국에 침입한 이민족은 스스로 중국문화에 동화되었다.

중국은 기원전 221년 진나라에 의해 통일국가를 이룬 뒤 지금까지 약 2200년 중 대략 800년을 주변 민족들의 지배를 받았다. 그렇지만 중국문화는 보존되었으며, 침입했던 민족들이 오히려 중국문화에 동화되고 흡수되었다.

만주 지방의 만주족이 세운 청나라는 중국의 중심 민족이 되었다. 그러나 청나라는 19세기에 유럽 세력의 침략을 받아 많은 영토와 중국문화의 우월성을 훼손시켰다. 쑨원(孫文)은 1911년 신해혁명을 통해서 중국을 다시 세우려 했다. 신해혁명은 반청 혁명 또는 반만주족 혁명이었다. 청나라가 유럽 세력들을 맞아 중국의 역사를 지키지 못하고 영토와 문화를 축소시켜서 중심 민족으로서의 책임을 다하지 못했다는 것이 혁명의 이유였다. 그러나 신해혁명에 반대하는 사람들 중의 하나였던 량치차오(梁啓超)는 반만주족 운동을 통해서 한족을 중심 민족으로 바꾸려는 것은 중국의 문화 중심주의를 인종 중심주의로 바꿈으로써 오히려 중국의 역사적 역할을 제한하고 약화시킨다고 주장했다.

중국은 이민족이 중국에 침입해 들어오더라도 한족과 이민족을 이분법으로 구분하여 이민족을 적으로 만들고 배척하지 않고, 오히려 이민족을 받아들임으로써 중국문화와 영토를 더욱 넓혔다. 일원적 세력균형도 동화 정책의 하나였으며 중국을 대량사회로 만들었다.

중국은 새로운 영토를 넓히거나 개척할 때에는 그 지방에 군대를 주둔시켜서 농경지로 바꾸는 둔전 정책을 쓰거나 또는 그 지방에 한족을 이주시키는 사민 정책을 썼다. 1960년대에 있었던 문화혁명에서는 젊은 지식인 한족 학생들을 소수민족 지역으로 보내는 하방(下方)운동을 펼쳤다. 젊은 지식인들이 그 지방 권력을 잡음으로써 문화혁명의 혼란스러운 상태에서 생길지 모르는 소수민족들의 독립 움직임을 막으려는 것이기도 했다. 하방운동도 사민 정책의 하나였다.

한편 오늘날 독립 움직임을 보이고 있는 티베트와 신장웨이우얼자치구는 중국에 위협이 될 수 있다. 중국은 이 지역에 사민 정책을 펼치고 있다. 중국은 티베트 민족과 위구르 민족이 인구의 다수를 차지하는 이들 지역에 대량사회의 한족을 깔때기 모양으로 집중하여 이주시켜서 다수를 차지하던 티베트 민족과 위구르 민족을 소수로 만들었다. 그리하여 소수민족들의 문화와 영토를 중국화했다.

오늘날 중국은 미국과 세계 헤게모니 경쟁을 하고 있다. 중국은 과거의 사민 정책처럼 갈등이 일어나는 지역에 깔때기 모양으로 경제력을 집중 투자하는 중이다. 인구 이동이 더 자유로워지는 세계화 시대에 대량사회 중국의 인구와 투자가 어느 지역으로 집중될지 우리로서는 깊이 생각해볼 일이다. 한반도가 그 대상이 될 가능성이 크기 때문이다.

10

조선의 동방예의지국과 사대주의

한반도는 삼국시대부터 중국에 조공을 바치면서 중국문화를 받아들였다. 따라서 한반도는 조공 국가 중에서 조공 횟수가 가장 많았으며, 그만큼 문화 수준이 높고 중국에 많이 동화되었다. 삼국시대에 중국에서 받아들인 제도 중의 하나가 세 글자 이름 제도였다.

조선시대의 헌법이라고 할 수 있는 『경국대전』에서는 명나라에 대한 사대주의를 국시로 정하고, 사대하는 방법까지도 명시했다. 그래서 여진족이 만주에서 후금을 세웠을 때 야만족이라는 이유로 교류하지 않고 업신여기다가 정묘호란(1627년)과 병자호란(1636년)을 당했다. 후금이 1636년에 청으로 나라 이름을 바꾸고 1644년에 군대 30만 명으로 명나라를 점령하고 중국의 중심 민족이 되었는데도 명나라에 대한 의리와 사대 때문에 청나라에 사신을 보내는 것까지 꺼렸다.

고려는 중국의 조공 제도에 편입되어 외형적으로는 중국의 책봉을 받았으나, 국내에서 중국과 대등한 황제국가의 체제를 갖추고 있었다. 그러나 조선 건국의 사상적 기초를 만든 정도전이 1395년에 지은 『고려사』에서 스스로 낮춘다는 예의와 명나라에 대한 사대를 위하여 고려 역대 왕들의 호칭을 조(祖) 또는 종(宗)을 쓰지 않고 왕으로 썼으며, 왕이 전하는 말을 천자가 쓰는 조칙(詔勅) 대신 제후가 쓰는 교서(敎書)로 바꾸었다. 황제국이었던 고려를 스스로 낮추어서 제후국으로 만들었다.

『경국대전』은 정도전이 지은 『조선경국전』을 바탕으로 1485년(성종 16년)에 완성되었다. 조선의 법률은 한 번 법전에 오르면 절대로 수정할 수 없다는 '조종성헌존중원칙(祖宗成憲尊重原則)'에 따라 영세지법(永世之法)이 되었다.

『경국대전』 체제는 1394년의 『조선경국전』부터 1894년 갑오개혁까지 500년 동안 이어졌다. 갑오개혁은 『경국대전』 체제의 국내 제도를 개혁하려는 것으로, 정치제도 개혁과 함께 청나라와의 조약 폐지, 신분제 폐지 등이 목표였다. 그러나 갑오개혁은 조선이 스스로 결정한 것이 아니라, 조선을 보호국으로 만들기 위해 일본이 사전 작업한 것이었다. 조선은 『경국대전』 체제의 영세지법 때문에 500년 동안 정치·사회 제도를 바꾸지 못하고 정체된 고립주의 사회가 계속되었다. 고려 때에는 외국과의 무역이 활발했으나 조선에 와서는 명나라와의 조공무역 이외에는 모두 금지되었다. 조선 후기 실학자 박제가는 『북학의』(1798년)에서 "송나라의 배가 고려에 올 때 중국 남부의 명주에서 7일이면 황해도 예성강에 도착했는데 조선에 와서는 지난 400년 동안 다른 나라의 배 한 척도 오가지 않았다"라고 한탄했다.

조선은 『경국대전』에서 국시로 정한 사대주의로 인해 자기 문제를 스스로 해결하지 못하고 '명나라 따라 하기'와 '명나라에 기대기'로 강대국 의존형 국가가 되었다. 조선은 자기의 운명을 스스로 해결하지 못했다.

외국의 문화를 받아들이면 그것을 그대로 보존하고 반복하는 '따라 하기 문화'이기 때문에 외국을 그대로 옮겨온 듯 닮는다. 그러나 일본은 외국 것을 받아들이면 그것을 분석하고 연구해서 일본 것으로 만든다. 모방문화라고 말하지만, 받아들인 것을 앞서는 '따라잡기 문화'이다.

일본에서는 임진왜란 때 포로로 잡혀갔던 이퇴계의 제자 강항을 통해서 후지와라 세이카(藤原惺窩)가 주자학을 배웠다. 그 후에 하야시 라잔(林羅山), 야마자키 안사이(山崎闇齋), 구마자와 반잔(熊沢蕃山), 오규 소라이(荻生徂徠) 등 많은 주자학자가 나왔다. 일본은 이퇴계의 주자학을 일본 사회에 적용하여 에도막부의 통치 철학을 만들고 심지어는 군국주의와 조선을 정복하자는 정한론(征韓論)까지 발전시켰다. 일본 주자학자들은 "이퇴계는 주자를 배웠고, 일본 주자학자들은 주자를 연구했다"고 말한다. 이퇴계는 주자의 말에서 한 자라도 벗어나면 사문난적(斯文亂賊)으로 여기고 주자 따라 하기와 명나라 따라 하기만을 주장했던 한학자(漢學者)에 불과했다는 평가이다. 학문이란 자기를 이해하고 자기의 이익을 지키며 변명하는 수단이다. 중국의 학문을 그대로 따라 하면 중국이 된다. 조선이 사대주의로 정체된 사회가 된 데에는 이기이원론 중에 이의 주자학만을 주장하고 나머지 다른 학문들은 사문난적으로 여기게 했던 영남학파의 태두 이퇴계의 학문적 책임도 있다.

조선은 중국에 대하여 조공과 사대주의로 예의를 다했으므로 중국은 조선을 다른 조공 국가보다 중요하게 여겼다. 기원전 300년경에 쓰인 『동의열전』에 따르면 조선이 중국에게 예의를 잘 지키고 공손하고 어질기 때문에 공자가 "조선은 누추하지 않은 곳이니 그곳에 가서 살고 싶다"고 말했다고 한다. 그때부터 중국은 조선에 '동방예의지국(東方禮義之國)'이라는 칭호를 내려서 칭찬하며 어루만졌다고 한다. 조선은 동방예의지국이라는 칭호를 자랑으로 여기며 지금까지도 즐겨 쓰고 있다. 이러한 예는 중국에 대한 류큐의 조공 관계에서도 볼 수 있다. 류큐는 중화 세계의 변방 중에서 조선에 이어 두 번째로 중국문화에 많이 동화되었으므로 조공 횟수도 조선 다음으로 많았다. 1818년 조선이 중국에 1년에 네 번 조공을 바쳤으며, 류큐는 2년에 한 번씩 바쳤다. 류큐는 1372년부터 중국에 조공을 바치기 시작했으며, 중국으로부터 예의를 잘 지키는 나라라는 뜻으로 '수례지방(守禮之方)'이라는 칭호를 받았다.

앞에서 언급했듯이 중국문화에 동화된 조선의 특징은 인간관계에서 가장 뚜렷하게 나타난다. 한반도에는 본래 사람을 부르는 우리말로 된 이름이 있었으나, 중국과 교류가 많아지고 중국문화를 모방하려는 사대주의로 삼국시대부터 중국식 이름을 쓰기 시작하면서 우리말 이름이 사라졌다. 삼국시대에 중국에 다녀온 사신이나 학자들이 처음으로 중국식 이름을 사용하여 상류사회에 퍼졌으며, 평민들은 이것을 모방했다(모화사상).

중화 세계에서 변방 국가들은 다른 변방 국가 또는 아직 변방에 포함되지 못한 국가와 교류할 때에는 중국을 통하거나 중국의 허락을 받아야 했다. 1653년 네덜란드 배가 일본 나가사키로 가던 중 제주도에서 난파되어 뱃사람 64명 가운데 헨드릭 하멜(Hendrik Hamel) 등 36명만이 살아서 제주도 땅에 닿았다. 조선의 효종은 이들을 서울로 데려오도록 하여 자기의 북벌 정책을 위한 군사들을 훈련시키는 교관으로 이용했다. 그러나 이 사실이 중국 사신에게 발각되어 효종은 하멜 일행이 조선에 도착한 것을 중국에 보고하지 않은 것과 북벌 정책이 중국에 알려진 것을 두려워했다. 효종은 중국의 보복이 두려워서 이들을 전라도 여수, 순천, 남원 등에 유배시켰다. 여수에 있던 하멜 등 8명은 몰래 배를 타고 일본으로 도망하여 13년 동안의 억류생활을 마쳤다. 이들은 전라도 지방에서 억류생활을 하면서 네덜란드의 나막신을 본떠서 우리나라에서 나막신을 만들었다.

조선은 중화 세계에서 가장 오래된 변방 국가로서 통치자의 칭호는 '왕'에 머물렀다. 그러나 일본이 1876년 조선과의 강화도조약에서 '조선은 자주독립국이다'라는 조항을 제1조로 했으며, 1897년에 대한제국이 설립되면서 칭호를 '황제'로 높였다. 이로써 조선은 중화 세계의 질서에서 벗어나 완전히 독자적인 주권을 가지게 되었다. 독자적인 연호를 '광무(光武)'로 했으며 1897년 덕수궁 앞의 환구단에서 하늘에 제사를 지낼 수 있게되었다. 고종은 이곳에서 황제 즉위식을 가졌다. 지금의 조선호텔 자리에 있던 환구단은 1913년에 일본에 의해 헐리고 말았다. '자주독립국'과 '황제'는 조선의 힘으로 이룬 것이 아니고, 일본이 조선을 자기의 세계 질서에 끌어들이기 위해 우선 중국 중심의 질서에서 떼어내려고 한 것이었다.

1876년 강화도조약을 위한 협상의 과정에서 일본 정부가 일본의 전권대사에게 내린 훈령을 보면 "다른 것은 상황에 따라서 결정할 수 있지만, '조선은 자주독립국이다'라는 문구는 반드시 조약에 포함시켜야 한다"라고 했다.

조선은 청일 전쟁이 끝나고 나서 중국 사신을 맞이하던 영은문을 헐고, 독립협회가 중심이 되어 독립문을 세웠다. 조선의 조정과 독립협회는 독립이 된다는 말에 기뻐했을 뿐이지, '자주독립국'과 '황제'가 무엇을 목적으로 했는지 그 참뜻을 알지 못하고 있었다. 알고 있었다면 독립문을 세우고 기념할 일이 아니라, 뜻하지 않게 얻은 독립을 어떻게 올바로 유지하고 살아남을까를 생각해야 했다. 자기의 힘으로 이룬 것이 아니라 일본이 가져다주었기 때문에 조선의 독립과 개화를 위해서 힘쓰던 지식인들은 대부분 친일파가 되고 말았다.

일반적으로 중국에 대한 사대주의는 조선의 굴욕이라고 역사에서 평가

한다. 그러나 반대로 사대주의가 조선의 생존 전략이었다는 평가도 있다. 만일 조선이 사대를 하지 않고 독자성을 주장했다면 이에 대한 징벌로 조선의 존재를 없앨 수도 있었다는 의견이다. 그러나 필자는 중국이 중화 세계 질서 밖에 있는 일본과 야만세력들을 상대하기 위해서는 조선을 완충지대로서 계속 유지할 필요가 있었을 것으로 생각한다. 중국은 일본이 있는 한 완충지대로 조선이 있어야 했다. 조선은 독자성을 위한 능력, 의지, 노력을 갖추지 못했다. 사대주의가 조선의 생존 전략이었다는 논리는 한 번도 독자성을 위한 노력과 의지가 없었던 조선의 무력함과 무능력에 대한 변명이 되지 못한다.

한반도는 삼국시대부터 중국에 대한 일방적인 사대주의 관계 때문에 변화하는 세계정세를 오직 중국을 통해서만 알 수 있었다. 그래서 서양 물결이 밀려올 때에 이를 감지하지 못했으며, 그에 대한 대처 방안도 중국에만 의존했다.

중국은 러시아의 남하 정책에 위협을 받았고, 사대주의에 가장 충실했던 조선이 러시아의 영향권에 들어가는 것을 두려워했다. 그러므로 중국은 조선에 대한 종주권을 유지하면서 조선이 스스로 문호를 개방할 것을 권유했다. 1880년 김홍집이 수신사로 일본에 갔을 때에 일본 주재 청나라 공사관의 참사관 황준헌에게서 그가 지은 『조선책략』을 받았다. 황준헌은 개인 의견이라는 뜻으로 『사의조선책략(私擬朝鮮策略)』이라는 제목을 썼지만, 그 내용은 당시 청나라의 조선 정책을 포함한 외교 정책 책임자였던 이홍장의 의지이기도 했다.

『조선책략』은 조선에 가장 급한 일은 러시아를 막는 일이라고 단정하고, 이를 위해서 조선은 중국과 친하고(친중국), 일본과 관계를 맺으며(결일본), 미국과 연결하여(연미국) 자강을 도모하라고 충고했다. 『조선책략』

의 내용은 다음과 같다.

> 조선이 중국과 친해야 한다는 것은 무엇을 말하는가. 조선은 동서·북이
> 러시아를 등지고 있으며 중국은 러시아와 국경을 마주하고 있다. 중국은
> 땅이 크고 물자가 풍부하여 그 형국이 아시아를 차지하고 있기 때문에
> 천하에 러시아를 제어하기에 중국만 한 나라는 없다. 또한 중국이 사랑
> 하는 나라는 조선만 한 나라가 없다.
>
> 조선이 일본과 맺어야 하는 이유는 다음과 같다. 조선에 가장 가까운 나
> 라는 중국 이외에는 일본이다. 만일 일본이 땅을 잃으면 조선 팔도가 스
> 스로 보전할 수 없게 되고, 조선에 한 번 변고가 생기면 일본이 차지하지
> 못할 것이다. 조선과 일본은 서로 의지하는 형세에 놓여 있다. … 이번에
> 일본이 다시 조선을 가까운 이웃으로 여기고 다른 종족을 침략하지 않겠
> 다는 생각을 갖게 되었다. 일본은 이러한 생각이 절실했기 때문에 쉴 새
> 없이 외교 관계를 맺고 친목을 닦고자 한 것이다. 따라서 그 뜻은 조선이
> 스스로 강대해져서 바다의 울타리가 되도록 하는 것이다.
>
> 조선이 미국과 연결되어야 하는 이유는 미국은 예의를 지켜 나라를 세우
> 고 남의 토지를 탐내지 않고, 남의 인민을 탐내지 않으며, 남의 나라 정
> 치에 간여하지 않기 때문이다. 그러므로 미국이 오는 것은 우리를 해칠
> 마음이 없을 뿐만 아니라, 오히려 우리를 이롭게 하려는 마음이었다. …
> 러시아의 병합을 막고 영국, 프랑스, 독일, 이탈리아를 피하기 위해서 미
> 국과 연결하는 것을 급히 서둘지 않을 수 없는 일이다. 이것은 조선의 복
> 이요 또한 아시아의 복인데 아직도 무엇을 의심하겠는가.

정부 관료들은 김홍집이 가지고 온 『조선책략』을 읽어보고 고종에게

「제대신헌의(諸大臣獻議)」라는 건의서를 제출했다. 내용은 다음과 같다.

친중국이라 했으나 200년 동안 우리나라 사대의 정성은 아직 조금도 늦추어진 적이 없고, 상국(중국) 또한 우리를 심복으로 대하여 지금까지도 간곡히 비호했는데 이제 새삼 무슨 근친이 있겠는가. 이것은 이해할 수 없다.

결일본이라 했으나 근년에 조약 체결과 수교를 다짐하여 공사가 해마다 오가고 어려운 청을 들어주었으니 우리로서는 성의를 다하지 않은 것이 없다. … 공사가 머지않아 온다고 하니 먼저 우리의 도리를 따라 정성과 믿음을 다하고 조금이라도 지난번과 같은 경홀함이 없도록 하여 우호의 뜻을 보여야 할 것이다.

연미국이라 했으나 오늘날 세계 각국이 모두 힘을 합쳐서 다른 나라를 경멸하는 러시아의 위세를 저지하려 하지 않는 나라가 없다. 하물며 우리나라가 바다의 요충에 있으면서도 의지할 곳이 없으니 연합은 좋은 계책이지 나쁜 계책이라고 할 수 없다. … (미국의) 배가 정박하여 서신을 보내면 그 글로 보아서 좋은 말로 답하고, 바다에 표류하여 어려움을 알려오면 힘이 미치는 대로 구제하여 어루만져주면 먼 곳의 백성을 쓰다듬어 순종하게 하는 도리에 어긋나지 않을 것이다. 이렇게 한 뒤에는 그 나라가 반드시 우리를 잘 대하려고 할 것이니 어찌 이런 기회에 서로 통하지 않을 수 있지 않겠는가. … 우리나라의 안위가 청나라와 일본에 관련되어 있으므로 … 우리나라로서도 예사롭게 보아 넘길 수 없고 더욱이 그의 말이 이처럼 급하니 어찌 유유히 세월을 허송할 수 있겠는가.

『조선책략』으로 조선은 500년 동안 오직 중국만을 숭배하고 섬기다가 중국에게서 버림받은 것이나 마찬가지이다. 조선은 중국 외교관의 말 한 마디에 500년 동안 이어오던 중국에 대한 사대주의 전통을 버렸다. 그만큼 조선은 정책 결정이 가벼웠고 세계의 움직임을 몰랐다.

『조선책략』의 권유에 따라 조선은 1882년에 미국과 조미수호조약을 맺었다. 그러나 조선은 『조선책략』으로 믿었던 중국에게서 버림받았으며, 1905년에는 태프트·가쓰라 밀약으로 믿었던 미국에게서 또다시 버림받았다.

11

일본의 달빛문화와 인종주의 질서

    달빛은 달이 햇빛을 받아서 내는 빛이다. 섬나라 일본은 동아시아 역사에서 자기를 지키기 위해서 또는 돋보이기 위해서 자신과 아시아 대륙을 나누어 생각했다. 그러면서도 아시아 대륙에서 앞선 문화(햇빛)를 받아들여서 자기 것으로 만들어서는 또다시 이것으로 자신과 아시아 대륙을 구별했다. 이것은 외국의 앞선 문화를 받아들여 자기 것으로 만들어내는 일본의 모방문화이며 달빛문화이다. 계급 질서를 중요하게 생각하는 무사 사회인 일본 문화는 나와 남을 구별하고 차별화하여 남보다 앞서가려는 '따라잡기 문화'의 특징을 가진다. 일본 문화는 받아들인 햇빛과 자기 것으로 만든 달빛의 이중성을 가진다.

    일본의 달빛문화는 시대 흐름에 따라 새롭게 등장하는 가장 강한 헤게모니 국가로부터 문화를 받아들여서 자기 것으로 만드는 적응 능력이다. 따라서 일본의 달빛문화는 일본을 고립시키고 일본을 제외한 모든 세력 또는 지역들을 경쟁과 지배의 상대로 생각했다. 무사 사회는 경쟁을 위해서, 세계정세의 변화에 적응하기 위해서 외부에 대한 정보활동에 적극적이었다.

일본은 지리적으로 고립된 섬나라로서 아시아 대륙의 한반도와 중국으로부터 문물을 받아들였다. 이들과 교류가 막혀서 정상적인 방법으로 문화를 수입할 수가 없을 때에는 아시아 대륙의 해안 지역, 특히 지리적으로 가까운 한반도와 중국의 해안, 심지어는 동남아시아 지대까지 해적 활동을 강화했다. 왜구들의 해적 활동은 문화 약탈 행위이기도 했다. 아시아 대륙에서 문화를 받아들이던 일본은 19세기에 유럽이 아시아를 침략하자 발빠르게 유럽의 문화를 받아들였고, 유럽 세력과 함께 아시아 대륙을 침략했다.

일본이 기원전 660년에 건국되었다고는 하지만, 그 후 약 1000년의 역사는 신화와 같다고 한다. 일본은 4세기경, 지금의 나라 현 지방에 있는 조그만 호족들이 연합하여 야마토 국가를 세우면서 국가 형태를 갖추기 시작했으며, 일본 국호도 그 후에 생겼다. 야마토 국가의 세력 범위는 일본의 서부 지역에 있었으며, 나머지 지역에는 야마토 권력에 따르지 않는 '말 안 듣는 백성들'이 살고 있었다. 이들은 서부 지역에 살던 구마소와 하야도, 동북 지역에 살던 에미시, 북해도에 살던 아이누 등으로, 야마토 권력은 이들을 자신에게 대항하는 오랑캐로 봤다.

따라서 아시아 대륙과 떨어져 있던 섬나라 일본의 세계는 섬나라 안에 있는 문명 종족과 오랑캐 종족, 즉 중심과 주변으로 이루어졌다. 중심 종족이 주변의 오랑캐를 정벌하기 위한 수단으로 군사 전쟁을 했기 때문에 일본에서는 무사 계급이 정치사회의 지배계급이었다. 최고의 정치권력을 가지고 있던 '쇼군(將軍)'은 '야만인(오랑캐)을 정벌하는 대장군(征夷大將軍)'을 줄인 말이다. 이것은 중국의 문화 중심 질서를 받아들여서 인종 중심

질서로 바꾼 것이다. 중국의 질서는 오랜 시간 동안 문화의 동화를 통해서 세력을 확대시킨다. 인종주의는 전쟁을 통해서 외국을 침략하는 유럽의 세계 질서이다. 인종주의 세계 질서를 가진 유럽문화권 세력들이 아시아를 침략할 때에 같은 인종주의 질서를 가진 일본은 쉽게 유럽 세력들과 경쟁하면서 함께 아시아 대륙을 침략할 수 있었다.

또 일본은 주자학을 받아들여서 일본을 중심으로 하는 중화 질서를 만들었다. 일본의 중화 질서에 따라 도쿠가와 막부는 세계를 나눌 때 먼저 일본을 중심으로, 중국과 네덜란드를 통상의 나라, 조선과 류큐, 홋카이도는 통신의 나라로 분류했다. 조선은 임진왜란 이후 일본의 무력 행위를 무마하고 조선의 문화를 일본에 전하는 사절단으로 일본에 조선통신사를 보냈다. 그러나 일본은 조선통신사를 조선이 보낸 조공 사절이라고 해석하고 있다. 가장 근본적인 이유는 조선의 국서를 보낸 사람은 조선 국왕이지만 받는 사람은 일본 천황이 아니라 관백(쇼군)이었기 때문이다. 조선에서는 실학자들을 중심으로 조선통신사의 국서가 격에 맞지 않는다는 지적이 많았으나, 이에 대해 조선 조정은 그것이 문화교류일 뿐이며 조선통신사라는 명칭은 관행이라는 이유로 고치지 않았다.

역사에서 한반도는 자신의 생각과는 관계없이 중국의 변방인 동시에 일본의 변방이었다. 임진왜란, 청일 전쟁, 한일합병은 변방인 한반도를 둘러싼 2개의 중심인 중국과 일본의 패권 싸움이었다. 중국의 천자와 일본의 천황은 국가의 최고 책임자였다. 천자는 종교와 정치권력을 함께 가지고 있으며, 천황은 종교만 가지고 있다. 중국과 일본의 패권 싸움은 천자와 천황이 서로 차지했거나 앞으로 차지하려는 '하늘 높이 싸움'이기도 하다. 21세기에 와서도 중국과 일본은 한반도를 둘러싸고 '하늘 높이 싸움'을 하고 있다. 일본에서 천황을 신격화하려는 사람들은 중국의 천자는 하늘(天)의 천명을 받은 대리인이지만, 천황은 신이라고 주장한다.

조선은 중국의 중화 세계에서 변방과 조공의 의미가 무엇인지 알지 못했으며, 일본의 중화 세계에서 통상 국가와 통신 국가가 무슨 뜻인지, 어떤 영향을 미치는지 알지 못하고 통신사라는 이름으로 계속 문화 사절을 보냈다. 조선은 역사를 알지 못하고 나르시시즘에 젖어서 주변 국가에 자신의 운명을 맡겼다.

12

일본의 임나경영설과 한반도 남부

　일본에 독자적인 세계 질서관이 생겨난 근본 원인은 일본이 아시아 대륙과 떨어진 섬나라라는 데 있다. 지리적 위치 때문에 중국의 위협을 받지 않았고 중화 세계 밖에서 독자성을 유지하고 발전시킬 수 있었다. 일본은 주변 국가에 비해 문화 수준이 낮았음에도 일본의 독자성, 무사 사회의 경쟁의식, 계급의식이 강한 민족성이 결합하여 외부의 문화를 받아들이려고 노력했다.

　일본의 대외 접촉은 한반도에서 시작되었다. 일본은 지리적으로 가까운 한반도의 부족국가 가야(임나)와 교류하면서 철기 문화를 수입했다. 신라가 가야를 병합할 때 일본은 자기의 문화적 이익을 보호하기 위해 가야를 도왔다. 결국 가야가 멸망한 뒤에는 아시아 대륙에서의 문화 수입을 백제에 의존했다. 특히 백제에서는 한자와 불교문화를 받아들였다. 일본은 신라와의 적대 관계 때문에 신라가 3국을 통일하고 난 뒤 한반도에서 문화 수입 근거지를 잃게 되었다. 따라서 한반도에서의 활동은 약화되고 한반도보다 우월한 중국과 교류를 강화했다. 일본과 중국은 607년에 처음 외교를 시작했다.

이러한 역사적 사실이 일본에서는 잘못 전해지고 있다. 일본에서 가장 오래된 역사책인 『고사기(古事記)』와 『일본서기(日本書紀)』에 따르면, 기원후 70년 가야에서 사신이 와서 "가야는 신라와 계속되는 전쟁으로 국가와 국민이 모두 크게 시달리고 있다. 그러므로 일본이 강력한 군사를 보내어 가야를 직접 통치해주기 바란다"라고 요청했다고 한다. 그 결과로 일본은 가야왕국에 일본 총독을 파견하여 일본의 보호국으로 삼았다며 이런 기록을 근거로 이것이 일본의 첫 번째 해외 진출이라고 주장한다.

또 서기 200년 10월, 일본의 신공황후(神功皇后)가 신라에 금은보화가 많다는 것에 관심을 가지고 직접 쓰시마 섬을 거쳐 신라를 침공했으며, 신라는 싸우지도 않고 항복했다고 한다. 신공황후는 일본의 종주권을 받아들이는 조건으로 신라의 존속을 허용했고, 고구려와 백제도 신라의 예를 따라서 자진하여 일본에 조공을 바치는 나라가 되었다고 한다. 신공황후는 두 달이 지난 200년 12월에 일본에 돌아갔고, 이것이 일본의 첫 번째 군사적인 해외 원정이었다고 한다. 이를 역사학계에서는 임나경영설 또는 임나일본부설이라고 한다. 이것이 한반도의 남부(삼한-마한, 진한, 변한)가 일본의 식민지였다는 설이기도 하다.

그러나 이러한 역사 서술은 일본의 학계에서도 믿으려 하지 않는다. 그 이유는 다음과 같다. 첫째, 신공황후의 신라 원정은 일본 역사에서만 다루었고, 한반도와 중국의 역사에서는 전혀 찾아볼 수 없다. 둘째, 서기 200년에 신라 원정을 했다는 신공황후는 실제로 4세기에 살았으며, 712년에 쓴 『고사기』와 720년에 쓴 『일본서기』에서 이 사실을 다루었으므로 일본의 신라 원정은 상상으로 만들어낸 이야기이다. 셋째, 일본 건국은 기원전 660년이라고 하지만, 실제로는 건국 이후 약 1000년 동안은 사실적인 역사라기보다는 신화적인 역사이고, 『고사기』와 『일본서기』는 약 1300~1400년 동안 입으로만 전해오던 것을 글로 옮긴 것이다. 넷째, 오늘날 역사학자들은 일본의 건국을 기원전 660년이 아니라 서기 원년경이라고 생각하고 있다. 다섯째, 일본에 한자가 전해진 것은 5세기 전반이며, 일본에는 한자를 읽을 줄 아는 사람이 없었기 때문에 한반도에서 건너온 사람들을 이러한 일에 종사하도록 했고, 일본 사람들은 8세기까지도 한자에 능숙하지 못했다.

이렇듯 그릇된 역사 서술에 근거해서인지는 몰라도 일본은 5세기에 여러 번 중국에 사신을 보내어 신라, 백제, 가야, 즉 삼한에 대한 일본의 지배를 승인해줄 것을 요청했으며, 중국도 이를 승인했다고 주장한다. 그러나 일본이 607년에 중국과 처음으로 외교 관계를 맺었다는 것에 비추어보면 이는 믿을 수 없는 일이다. 달력은 553년에 처음으로 한반도에서 일본에 전해졌으며, 일본은 604년에야 달력을 공식적으로 채택했다. 따라서 지금까지 말한 일본의 주장들은 잘못된 역사 서술이지만, 이것들은 일본의 한반도 식민사관의 뿌리이며 오늘날까지도 일본 사람들의 의식구조 속에 남아 있고, 정한론의 정신적 뿌리이기도 하다.

일본은 신라가 562년에 가야를 병합하고, 676년에 3국을 통일한 뒤에 중국과 교류하기 시작했다. 이때부터 일본에서는 중국을 숭배하고 중국 문화를 모방하는 시대가 시작되었다. 그러던 중 아시아를 통일한 원나라가 고려와 연합하여 1274년과 1281년 두 번에 걸쳐서 일본을 침략했으나 태풍을 만나서 실패한 일이 있었다. 몽골의 침입이 '신풍'에 의해서 실패했다고 여긴 일본은 신에게 선택된 민족이라는 자부심을 가지게 되었으며, 아시아 대륙에 대한 숭배 사상이 대륙 멸시 사상으로 바뀌고, 국민들이 단합하게 되었다. 또한 7세기에 중국과 교류를 시작하면서 사라졌던 일본 해적의 문화 약탈이 다시 시작되었다.

당시 해적 활동이 부활한 원인은 다음과 같은 사실에서 찾아볼 수 있다. 첫째로 신풍이 일본 국민에게 하늘이 축복한 민족이라는 자부심을 주었고, 둘째로 60년 동안(1333~1392년) 계속된 일본의 남북 전쟁으로 중앙 정부가 약화되어 왜구에 대한 통제가 불가능했으며, 셋째로 몽골의 침입으로 아시아 대륙과의 정상적인 교류가 끊어져서 대륙의 문화를 받아들이지 못하기 때문에 문화 약탈로 이를 보충하려 했다는 것이다. 한반도에서는 왜구의 활동이 경상도와 전라도에 많았다. 경상도는 지리적으로 가깝기 때문이고, 전라도는 식량이 풍부했기 때문이다.

아시아 대륙에 대한 일본의 우월감은 일본이 해외로 팽창하는 요인이 되기도 했다. 1590년 일본을 통일한 도요토미 히데요시(豊臣秀吉)는 명나라에 들어가는 길을 빌려달라는 명분으로 한반도에 임진왜란을 일으켰다. 물론 거기에는 일본을 통일하고 난 후에 생긴 군부의 불만을 다른 곳으로 돌리려는 국내적 요인도 있었지만, '대아시아 제국'을 건설하기 위한 첫 번째 해외 정벌이었다는 국제적 요인도 있었다. 그의 '대아시아 제국' 건설 계획은 일본, 중국, 한반도, 인도, 페르시아뿐만 아니라 그 당시 일본에 알려진 아시아의 여러 나라들로서 아시아 대륙의 주위에 있는 류큐, 타이완, 필리핀과 대륙의 남쪽 섬들을 포함했다. 그는 특히 중국은 항상 자국이 천명을 받은 나라이고 다른 나라들은 야만국이라고 생각하기 때문에 군사력으로만 정복할 수 있다고 생각했다. 따라서 그는 조선이 일본의 복속 국가가 되어서 중국을 군사적으로 정복하는 일에 협력할 것을 요구했다. 그러나 조선이 이를 거절했으므로 중국으로 가는 길을 열기 위해 임진왜란을 일으켰다.

그의 중국 정벌 계획과 대아시아 제국 계획은 구체적으로 이런 것이었다. 1592년 5월 말까지 조선의 한양을 점령하고, 1592년 말까지 중국의 수도 베이징을 점령한 후 1593년에 일본 막부를 베이징으로 이전하며, 1594년에는 일본 천황을 베이징으로 옮겨서 대아시아 제국의 첫 단계로 중국, 일본, 조선을 통일하고 도요토미 히데요시 자신은 인도와 아시아 국가 정벌을 위해 중국의 남쪽 지방인 닝보에 머무는 것이다.

이에 도요토미 히데요시는 1593년부터 시작된 중국과의 평화 협상에서 조선에 대한 지배권을 일본에 양도할 것, 일본에 중국에서의 무역 특혜를 허가할 것, 중국 황제의 공주를 일본에 보내어 일본 천황과 결혼하게 할 것, 조선은 왕자와 판서(장관)급 정치가를 인질로 일본에 보낼 것 등 일곱 가지를 요구했다. 그러나 전쟁이 뜻대로 진행되지 못했고 중국도 평화 협상에 적극적이지 않았기 때문에, 그는 대륙 정복을 포기하고 조선의 남부 지역만을 점령한 채 전쟁을 끝내려 했다. 그러나 1596년 9월 중국 황제는 일본의 7개 강화조건에 대한 국서를 보냈다. 이 국서에서 중국은 일본에 "조선에서 군대를 완전히 철수하고, 조공 국가들에 허용하는 무역 특혜를 일본에는 허용하지 않을 것이며, 조선에 다시는 침입하지 말 것"을 요구했다. 특히 "그대를 일본 국왕에 봉한다"라고 했는데, 이것은 중국이 일본을 종속국가로 대우한다는 뜻이었다. 중국과 대등한 관계를 주장하던 도요토미 히데요시는 이에 격분하여 다시 중국을 침략하기로 했다. 이렇게 시작된 정유재란은 베이징을 점령하는 것이 목표였으나, 사실은 전쟁에 참가한 무사들에게 땅을 나누어주기 위해서 조선의 남부 지역을 합병하려는 것이었다. 따라서 정유재란은 대륙 정벌이나 중국 정벌이 아니라, 조선 정벌이었다. 정유재란은 1598년 도요토미 히데요시의 죽음으로 끝이 났다.

1609년 일본의 새로운 쇼군 도쿠가와 이에야스(德川家康)는 조선과 기유조약을 맺었다. 이로써 일본은 1년에 한 번씩 부산포를 통해서 무역을 하도록 허락받았다. 도쿠가와 이에야스는 조선과의 무역 특혜를 중국과의 무역을 여는 수단으로 이용하려 했다. 그는 더 나아가 평화적이고 경제적인 수단으로 중국을 정복하기 위해서 조선을 디딤돌로 이용할 생각을 하고 있었다. 당시에 중국은 유럽의 여러 나라뿐만 아니라 인도를 포함한 아시아의 여러 나라와 무역하는 무역의 중심이었다. 따라서 일본이 중국과 무역을 하게 되면 세계의 모든 나라와 무역 관계를 맺을 수 있었다. 이것이 도요토미 히데요시와 도쿠가와 이에야스가 중국에 진출하려는 이유였다. 이를 위해 도요토미 히데요시는 군사적인 수단을 썼으나 실패했고, 도쿠가와 이에야스는 경제적 수단인 무역을 통해서 정복하려고 조선을 디딤돌로 이용하려 했다.

　　중국이 일본과의 모든 교류를 거부했으므로 중국에 대한 그의 계획은 성공하지 못했지만 인도, 말레이 반도, 시암(타이), 안남(베트남), 자바 섬, 수마트라 섬, 필리핀, 보르네오 섬 등 남아시아와 그 주변의 섬나라들과는 무역이 활발하게 진행되었다. 이로써 무역 관계를 이용하여 세력을 확대하려던 도쿠가와 이에야스의 계획은 남아시아 지역에서 성공했다. 그러나 1600년경 유럽 세력들이 아시아 지역에 무력으로 진출하자 일본은 1639년에 쇄국 정책을 발표하고 모든 해외 활동을 포기했다.

　　도요토미 히데요시가 군사적인 수단으로 '대아시아 제국'을 건설하려다 실패하고, 이를 도쿠가와 이에야스가 경제적 수단으로 이루려고 한 것은 일본이 제2차 세계대전 이전에 군사적인 수단으로 '대동아공영권(Great East Asia Co-prosperity Sphere)'을 건설하려다가 실패한 것을 전쟁 이후 경제적 수단으로 이루려 했던 것과 맥락을 같이한다.

임진왜란은 도요토미 히데요시가 '대아시아 제국' 건설을 위해서 중국을 정벌하려는 것이었다. 그러나 임진왜란이 실패했기 때문에 오늘날의 일본이 존재할 수가 있다고 본다. 만일 임진왜란이 성공하여 중국을 정벌했다면, 일본은 넓은 중국을 통치할 정치 철학이 없었기 때문에 중국 정치 철학을 사용했을 것이다. 또한 일본의 적은 인구로 중국의 많은 인구를 다스리려면 중국 사람들을 중요한 관직에 두어야 했기 때문에 시간이 지나면 일본은 중국 속에서 소멸되고 말았을 것이다. 중국에 침입한 많은 야만 민족들이 군사적으로 중국을 정복했으나 통치 수단에서는 중국의 대량사회 문화를 벗어나지 못하고 중국문화에 동화되고 소멸되었다.

일본이 임진왜란에서 가장 큰 관심을 가졌던 것은 한반도를 분할하여 남부를 합병하는 것이었다. 이것은 신공황후가 가야를 포함한 한반도 남부를 점령했다는 신화가 연장된 것이다. 그러나 조선은 이러한 상황을 알지 못했으며, 조선의 운명은 일본과 중국 사이의 외교 교섭에 달려 있었다. 19세기 말에 있었던 정한론의 배경도 임나경영설이었다. 오늘날에도 일본은 아시아 대륙과 중국에 대응하기 위해서 한반도의 2개국 정책을 펴고 있으며 남한의 방위 책임을 맡으려 한다. 한반도는 자기 운명을 스스로 지키지 못하고, 주변 강대국들이 결정해왔다.

13

일본의 정한론, 아시아 연대론, 탈아시아론

유라시아 대륙의 양쪽 끝에 있는 섬나라 일본과 영국은 공통점이 있다. 이들은 과거에 대륙과 떨어져 있어서 문화가 뒤떨어져 있었고, 대륙 문화를 받아들이려고 노력하면서 대륙 국가들과 경쟁 관계가 되었다. 따라서 이들은 대륙이 평화로운 때에는 대륙에 가까이 다가와서 함께 지내지만, 대륙에 혼란이나 전쟁이 있을 때에는 대륙을 멀리하거나 공격했다. 두 나라 대륙 정책은 영국의 경우 대륙 세력 균형 정책으로, 일본의 경우에는 정한론과 아시아 연대론, 탈아시아론으로 규정할 수 있다. 이들의 이기주의 정책은 섬나라 사람들의 배타적인 국민성과도 관계가 있다. 섬나라 사람들은 대륙에서 침입하면 피할 곳이 없기 때문에 자기 땅을 지키기 위해서 단결을 잘했다. 따라서 섬나라들은 대륙과 그 주변의 정치 상황에 민감하며, 위기 시 대처 능력이 강하다

19세기 유럽 세력들이 아시아 지역으로 밀려올 때에 일본은 쇄국 정책을 썼지만 나가사키의 인공 섬 데지마에 자리잡고 있던 네덜란드 상관을

통해서 아편 전쟁 등 중국 사정과 세계정세를 잘 알고 있었다. 일본은 일 년에 한 번씩 데지마 상관의 책임자인 카피탄을 에도에 불러서 세계정세 에 대한 보고를 받았다. 그러므로 일본은 중국과 같은 굴욕과 혼란을 피 하기 위해서 1853년 미국이 개국을 요구했을 때에 능동적으로 이에 응했 으며, 국제 정세의 변화에 적응하려고 노력했다. 또한 아시아 대륙의 혼 란을 이용하여 패권을 잡기 위해서 조선을 정복해야 한다는 정한론, 서양 의 침략에 맞서 아시아 국가들과 연대해야 한다는 아시아 연대론, 아시아 는 미개하므로 서양 세력들과 연대하여 아시아 침략에 동참해야 한다는 탈아시아론을 만들었다.

일본은 일본의 서양화와 개화를 위해서 1867년 메이지 유신으로 국가 조직과 제도와 국민의 생각을 바꾸려고 했으며, 1871년에는 이와쿠라 사 절단을 미국에 파견하여 불평등조약을 고치도록 했다. 이와쿠라 도모미 (岩倉具視)를 단장으로 이토 히로부미(伊藤博文), 오쿠보 도시미치(大久保利 通) 등 48명으로 구성된 이와쿠라 사절단은 워싱턴에서 미국과 일본의 불 평등 조항인 관세 주권을 되찾고 치외법권 조항을 고치는 것이 목적이었 다. 그러나 사절단은 본래의 목적은 이루지 못하고 일본으로 돌아올 때까 지 1년 9개월 동안 유럽의 선진국을 시찰했다. 사절단은 미국과 유럽의 여러 국가를 방문하면서 선진 문물을 배워 왔으며, 이를 일본을 서양화하 는 데에 쓰려고 했다.

일본은 자신을 서양화하는 과정에서 어느 한 국가의 문물을 모두 받아 들이지 않고 분야별로 가장 우수한 제도와 사상을 나누어 받아들였다. 일 본은 서양 국가의 제도에서 장단점을 국가별로 자세히 연구하여 일본의 사회제도와 비교했다. 천황의 지위와 권위는 독일과 러시아에서, 헌법은 군주제에 기초를 둔 독일에서, 의회제는 하원과 귀족원을 두고 있는 영국에서 가져온 것이다. 또한 해군 제도와 교통·철도 제도는 영국에서, 육군 제도와 의학 제도는 독일에서, 법률 제도와 경찰 제도는 프랑스와 독일에서, 교육 제도는 미국에서 받아들였다. 일본은 여러 나라의 제도를 자신의 사정에 맞게 받아들였기 때문에, 서양화되었지만 독자적인 주체성을 지키면서 오히려 그들과 경쟁할 수 있었다. 이것은 외국 문화를 받아들여서 자기 것으로 만드는 일본의 '따라잡기 문화'이고 '달빛문화'이다.

이와쿠라 사절단은 미국과 유럽의 기독교 국가들을 문명국이라 보고, 이를 기준으로 세계를 문명국, 반미개국, 미개국으로 나누었다. 이 분류는 19세기 후반에 시작된 유럽 계몽주의 사상에 따른 진보주의(progressivism)와 다윈의 진화론에 영향을 받은 사회진화론에서 비롯된 것이다. 일본은 반미개국임을 스스로 인정하고 유럽 국가들처럼 문명국이 되려고 했다. 문명국이 되려는 일본의 노력이 문명개화론이다.

후쿠자와 유키치(福澤諭吉)를 중심으로 탈아시아론을 주창한 이들은 일본이 아시아의 황인종을 문명화해서 맹주가 되겠다는 계획은 노력과 시간만 낭비하는 것이라고 생각했다. 일본을 제외한 각 지역이 너무 후진적이거나 야만과 혼돈 상태에 있다고 판단했기 때문이다. 따라서 아시아를 문명화해서 맹주가 되는 것보다는 차라리 아시아를 떠나서(탈아시아) 유럽의 백인종과 함께 아시아 침략에 참여하는 것이 좋다고 생각했다. 그 첫 단계가 조선 정복이었다.

1894년에 있었던 청일 전쟁은 탈아시아론의 입장에서 볼 수 있다. 유럽의 세력들이 중국에 진출하여 서로 중국을 영향권으로 분할하면서 식민지 경쟁을 할 때에 아시아의 일본은 이들과 대등하게 경쟁하고 중국과의 전쟁에서 승리했다. 1895년 시모노세키조약에 따라 중국은 조선에 대한 종주권을 포기하고, 요동 반도와 타이완, 펑후제도를 일본에게 할양하며,

이를 보증하기 위해 산둥반도에 있는 항구 웨이하이를 일시적으로 점령하기로 했다. 이것은 당시 침략 세력들이 중국에서 얻은 성과 중에서 가장 큰 것이었다. 이에 위협을 느낀 러시아·독일·프랑스 3국이 간섭했고 요동반도와 웨이하이는 중국에 돌려주게 했다.

3국이 간섭한 이유는 주로 독일과 러시아가 주장한 황인종의 위험(황화론, yellow peril)이었다. 앞으로 있을 중국 등 황인종의 위험을 이번 일로 미리 막아야 한다는 것이었다. 3국의 간섭 이후 백인종 중심의 국제사회에 황인종으로 참여하여 아시아를 침략하려던 일본은 탈아시아론을 포기하고 아시아 연대론으로 방향을 바꾸었다. 이것이 다른 말로 대동아공영권이다. 1904년의 러일 전쟁은 탈아시아론의 입장이기도 하지만, 아시아 연대를 위한 사전 작업으로 러시아를 제외시키는 영국과 일본의 해양 세력론이 더 강하게 나타난다.

아시아 연대론을 주장한 대표적인 사람은 다루이 도키치(樽井藤吉)였다. 이들의 주장은 "아시아를 침략하는 유럽문화권에 대항하기 위해서는 아시아가 단결해야 한다. 그러나 지금 중국이 혼란에 빠져있으므로 일본이 앞장서야 한다. 먼저 조선을 복속시키고 합병하고, 중국을 문명화시킨 뒤 이에 동참하도록 하여 일본이 아시아 황인종의 맹주가 되어야 한다"라는 것이었다. 아시아 연대론과 탈아시아론은 방법만 다를 뿐이지 동전의 양면처럼 함께 있다.

일본은 1910년 조선을 합병하고, 1931년에는 위성국으로 만주국을 세웠다. 이것을 제2차 세계대전 전까지 일본의 생활권(living space), 즉 대동아공영권으로 확대시켰다. 대동아공영권이라는 말은 1940년 당시 외무상이던 마쓰오카 요스케(松岡洋右)가 처음 썼다. "일본의 사명은 천황의 뜻을 세계에 알리고 실현하는 것이며, 그렇게 함으로써 모든 국가와 인종은 세계에서 자기에게 적합한 자리를 찾을 수 있다. 이를 위해서는 우선 천황의 뜻을 받들어서 일본, 만주국, 중국을 연결하는 대동아시아의 공동번영을 위한 고리를 만들어야 한다"고 말하면서 이것을 '대동아공영권'이라고 했다. 대동아공영권은 일본을 중심으로 함께 번영할 동아시아의 여러 민족과 그들이 거주하는 범위라는 뜻이다. 그 지역에는 일본을 비롯해 1941년 말 이전에 일본이 점령한 한반도, 만주국, 중국, 프랑스령 인도차이나, 말레이, 미얀마, 필리핀, 동인도를 포함했으며, 이를 보호하기 위해서 북쪽으로는 쿠릴열도, 남쪽으로는 마리아나 군도, 웨이크 섬, 마셜 군도, 길버트 군도, 비스마르크 군도를 포함하는 방위벽을 계획했다. 그리고 시간이 지나면 오스트레일리아, 뉴질랜드, 인도를 이에 포함시킬 계획이었다. 일본의 아시아 연대론의 영토 확장은 결국 제2차 세계대전으로 이어졌다.

메이지 시대에 일본의 서양화와 문명화에 앞장섰던 후쿠자와 유키치는 원래 아시아 연대론자였다. 아시아의 맹주가 되기 위해서는 조선을 먼저 정복해야만 했다. 따라서 후쿠자와 유키치는 조선의 개화파 김옥균을 직접 만나서 개화의 필요성을 설명하고 그에 필요한 자금도 지원했다. 그러나 조선의 개화파가 일으킨 갑신정변(1884년)은 실패로 끝났다. 후쿠자와 유키치는 1차 목표였던 조선에서의 희망도 끝났기 때문에 아시아를 문명화하는 것은 불가능하다고 생각하고 일본이 유럽과 함께 아시아 지역을 군사적인 방법으로 정벌해야 한다는 탈아시아론으로 옮겨갔다고 한다.

정한론은 사쓰마 번의 사이고 다카모리(西鄕隆盛)가 대표적인 주장자이다. 임진왜란 당시 임나경영설을 근거로 한반도 남부를 요구했던 것처럼, 한반도 영토에 대한 관심을 실현시키기 위해서 조선을 군사적으로 정복하자는 것이었다. 정한론은 본래 조선을 정복한다는 뜻으로 정조론(征朝論)이라고 했으나 이것이 천황의 조정을 정복한다는 뜻으로 오해될 수 있기 때문에 바꾸었다고 한다.

일본은 1867년 왕정복고라는 정치 개혁으로 메이지 유신 시대를 열었다. 그러나 조선은 왕정복고를 알리는 일본의 외교문서를 거부하고 수정을 요구하면서 사신의 접견도 거부했다. 왜냐하면 외교문서의 격식이 쇼군이 아니라 천황으로 변경되었기 때문이다. 조선은 일본 정치의 변동을 전혀 알지 못했다. 이에 격분한 일본의 정한론자들은 이를 기회로 조선을 징벌하자는 의견으로 쏠렸다. 1873년 8월에 정한론자들은 사이고 다카모리를 사절로 조선에 파견하여 교섭하게 하고, 국교가 받아들여지지 않으면 병력을 보내서 전쟁으로 해결하려고 했다. 그러나 1873년 9월 미국과 유럽을 시찰하고 돌아온 이와쿠라 사절단은 정한론에 따른 군사 행동을 반대했다. 조선 정벌은 필요하지만 지금은 때가 아니라는 이유에서였다. 일본은 아직도 유럽에 비하여 후진 상태에 있으므로 일본의 국내 산업을 일으키고 현대 군사 무기를 갖추는 것이 우선이라는 것이었다.

정한론은 아시아 연대론에서 1차적인 대상이고, 탈아시아론에서도 1차적인 대상이었다. 따라서 조선은 일본의 대외 관계에서 가장 중요한 대상이었다. 일본은 1875년 조선의 해안지대를 측량한다는 구실로 운양호 사건을 일으켰으며, 1876년에는 조선과 강화도조약을 맺었다. 강화도조약에서는 '조선은 자주독립국이다'라는 조항을 넣어서 조선을 중화 세계의 종속 관계에서 분리시키는 동시에 일본의 세계 질서에 끌어들이는 발판을 마련했다.

1890년 일본 수상 야마가타 아리토모(山縣有朋)는 "모름지기 국가의 독립·자위의 길에는 두 가지가 있으니 첫째는 주권선을 수호하는 것이고, 둘째는 이익선을 보호하는 것이다. … 일본의 이익선의 초점은 실로 조선에 있다"라고 밝혔다. 주권선은 국경선을, 이익선은 주권선의 안전에 밀

접한 관계가 있는 구역을 말한다. 조선이 이익선이라는 것은 임나경영설에 근거를 둔 것이다.

일본은 또한 조선이 사회경제적으로 후진사회이고 정체된 사회라고 강조하면서 조선을 복속시키는 것을 합리화했다. 유럽의 근대는 봉건제도가 있었기 때문에 가능했으며, 일본도 유럽과 마찬가지로 봉건제도가 있으므로 근대사회로 발전할 수 있었다고 주장했다. 반면 조선의 문명 수준은 일본에서 가마쿠라 막부가 성립되기 이전, 즉 봉건제도가 성립되지 못했던 9세기 말에서 12세기 말에 이르는 후지와라 시대 또는 헤이안 시대에 해당한다고 보았다. 봉건제 이전의 시기에 머물러 있는 조선은 근대사회로의 자주적 발전이 불가능하다는 것이다. 따라서 조선의 전통·관습·사회를 파괴하여 부패의 극에 달한 민족의 특성을 바닥부터 소멸시켜서 일본과 동화시키는 것만이 근대화를 위한 유일한 길이라고 여겼다. 이것이 바로 문명화된 일본의 사명이라는 것이다. 이것은 탈아시아론자였던 후쿠다 도쿠조(福田德三)가 1904년에 지은 책에서 주장한 내용이다. 이는 조선 침략을 정당화하는 명분이 되었다.

21세기에도 일본에서는 한국 사회를 비난하고 멸시하는 혐한 여론이 높으며, 심지어는 한국 국민을 '어리석은 국민'이라고 깎아내린다. 그만큼 일본이 한국을 연구하고 잘 알고 있다는 것이기도 하다. 세계 역사를 돌아보건대, 이웃을 비난하고 멸시하는 것은 이웃의 지배를 합리화하기 위한 사회 분위기를 만든다.

14

중국의 사회주의 초급 단계론과
맑스주의 중국화

　　중국이 21세기를 맞아서 세계 주도 세력의 하나가 되려면 자본주의와 공산주의 대결구도에서 벗어나야 한다. 또한 이를 위해서 지금까지 세계를 지배하고 있는 유럽 중심의 철학에서 벗어나 중국 중심의 유교 철학으로 바꾸어야 한다. 지금까지 중국을 지배해왔던 맑스주의를 중국화해야 한다. 맑스주의는 유럽 철학에서 나온 것이기 때문에 세계를 부르주아 대 프롤레타리아트 등 이분법적 대결 구도로 본다. 중국은 맑스주의를 중국 것이 아니라고 버리지 않고, 이를 중국 철학 속에 녹아들게 한다. 중국문화는 배타적이지 않고 주변 문화들이 중국화된 복합 문화이다. 주변 문화들이 중국에 들어가면 빠져나오지 못하고 중국화된다. 중국문화는 주변 문화들의 블랙홀이다. 그러나 중국에 들어오는 외래문화가 중국의 통제에서 벗어나는 것을 허용하지는 않는다. 예를 들면 16세기에 명나라는 천주교 예수회 신부들이 들어오는 것을 허용했으나, 이들을 통해서 로마교황청의 간섭이 강해지자 천주교를 금지했다. 또 티베트가 전통적인 방법으로 라마교의 주교인 라마를 선출하는 것을 막고 중국이 주도하여 라마를 선출하기 때문에 전통적인 달라이 라마와 대립하고, 로마교황청이 임명하는 추기경 등 성직자를 중국이 임명하면서 로마교황청과 대립하고 있다.

어느 사회에서든, 어느 국가에서든, 어느 문화권에서든 인간은 오늘보다 나은 내일을 바라며 오늘보다 살기 좋은 세상과 사회를 꿈꾼다. 이러한 인간의 마음은 지금 자기가 살고 있는 사회를 변화시켜서 어딘가로 끌고 가려고 한다. 또한 이러한 이상 사회(utopia)를 찾는 미래지향적인 마음은 종교에서는 천국, 극락, 무릉도원 등을 만들어내며 그곳에서 이상 사회의 모형을 찾으려 하고, 정치에서는 미래지향적인 이데올로기를 만들어낸다. 미래지향적 정치 이데올로기는 사회발전단계론을 만들어낸다.

게오르크 빌헬름 프리드리히 헤겔(Georg Wilhelm Friedrich Hegel)은 변증법을 통해 사회발전단계론을 설명했다. 헤겔에 따르면 인간은 개인, 가족, 시민사회, 국가, 세계로 조직화된다. 가족에서는 이성보다 감성이 앞서며, 시민사회에서는 이성이 개인의 이익을 위해서 사용되며, 국가는 인간의 자아의식이 완성되고 공동 목표를 위하여 비이기적인 행동을 하는 단계이다. 따라서 국가는 인간 사회가 발전하는 가장 높은 단계이며, 이 시대에는 인간 사회가 민족정신 또는 국민정신(Volksgeist)을 가진다. 국가보다 한 단계 더 발전하면 세계정신(Weltgeist)을 가지게 되며, 그때가 되면 세계가 통일되고 변증법은 끝나고 역사도 끝난다고 했다. 이러한 헤겔의 생각은 그가 살았던 19세기 초기 민족주의가 지배하던 시대정신을 나타내는 것이다. 그러므로 헤겔의 변증법은 당시에 후진국이었던 독일의 민족주의가 더욱 강해져서 제국주의로 발돋움하는 것을 정당화한다. 헤겔은 민족정신에 머물렀다.

칼 하인리히 맑스(Karl Heinrich Marx)는 헤겔의 변증법을 이용하여 사회의 발전 단계를 원시 공산 사회, 노예 사회, 봉건 사회, 자본주의 사회, 공산주의 사회라는 5단계로 나누는 역사 유물론을 만들었다. 공산주의 사회는 역사 발전의 가장 높은 단계로서 헤겔이 생각했던 민족정신에 의한 국가보다 높은 세계정신에 의한 세계정부를 목표로 했다. 헤겔은 변증법 발전 단계에서 높은 단계에 오르려면 사회의 모순을 없애야 한다고 했다. 모순이란 사회의 차이와 차별에 따른 다양성을 말한다. 사회의 차이, 차별, 다양성이 없어지면 사회의 갈등이 없어지고 사회 통합이 이루어진다. 세계정부가 이루어지는 공산주의 사회에서는 국가는 소멸하고, 계급투쟁의 결과로 사회 계급도 없어져서 노동자 계급의 프롤레타리아트 가치 기준으로 세계가 통일된다고 했다. 맑스가 생각했던 이상 사회인 공산주의 사회는 계급 등 모든 차이가 없어진 프롤레타리아트 평등 사회이며 획일성의 사회로서 기독교의 이상 사회인 천국을 현실 세계에 실현하려는 것이었다. 종교가 담당하던 이상 사회 실현을 공산주의가 담당하기 때문에 공산주의에서는 '종교는 마약이다'라는 말로 종교의 역할을 부정하고 배척한다. 공산주의가 기독교의 이상 사회를 실현하려는 것이므로 공산주의도 기독교문화의 사상 체계를 벗어나지 못한다. 이상 사회가 이루어진다면 결과는 아름답겠지만, 과정은 엄격한 규범과 규칙이 주어진 길로만 가야 하는 고통의 길이다. 인간사에서 한 번도 실현된 적이 없는 일이다. 마음의 그리움일 뿐이다.

1917년 공산주의 혁명이 성공하고 나서 소련은 소련의 사회 상태가 진정한 공산주의 단계에 이르지 못했다고 하면서 사회주의 단계에 있다고 했다. 맑스의 역사 유물론의 발전 단계에서는 자본주의 단계가 발전하면 공산주의로 간다. 소련은 자본주의와 공산주의 사이에 사회주의 단계를 추가했다. 그 이후 공산권 국가들은 공산주의 대신 사회주의라는 말을 사용했다.

소련은 공산권의 주도권을 잡기 위해서 공산주의 국제조직인 코민테른(Comintern, 1919~1943년)과 코민포름(Cominform, 1947~1956년)을 통해 모든 사회주의 국가들에 사회·경제 정책에서 소련 모형을 따르라고 했다. 그러나 사회와 민족 구성이 다양한 유고슬라비아는 획일적인 코민포름의 지시를 거부하고 '사회주의로 가는 길은 다양하다'고 주장하면서 1948년 코민포름을 탈퇴했다.

중국은 1949년 공산주의 국가가 되면서부터 소련과 사회주의 경쟁 관계에 있었다. 경제 발전 모형에 대한 의견에 차이가 있었기 때문이다. 소련의 모형은 산업의 규모를 대형화하는 공업화 정책이었던 반면, 중국은 국민 대부분이 농업에 종사하고 있었고 공업화를 위한 기반이 부족했다. 중국은 1956년에 사유재산제도를 폐지하고 인민공사 단위로 농업과 산업을 집단화했다. 인민공사들이 외부의 도움 없이 자급자족하도록 했으며, 도시에 있는 산업 시설들을 소형화해서 지방으로 분산했다. 인민공사는 1958년 대약진운동 때 2만 6000개였으며, 1966년 문화혁명 때에는 5만 4000개에 달했다.

소련과 사회주의 종주국 경쟁을 한다는 것은 사회주의의 고급 단계에 오르는 경쟁이기도 했다. 사회와 문화의 다양성, 민족과 지리의 다양성을 가진 중국으로서는 지방의 특수성을 무시하고 중앙정부의 정책을 획일적으로 실시하기는 힘들었다. 문화혁명 기간에는 중앙정부의 정책과 계획을 지방, 특히 소수민족 지역에 획일적으로 전달하기 위해서 홍위병들을 파견하여 지방정부에 압력과 간섭을 하도록 했다(하방운동). 사회주의의 고급 단계에 오르기 위해서 중국은 모순과 마주해야 했다. 즉, 다양성을 버리면 문화 대국인 중국의 특수성도 없어진다는 사실이었다. 그래서 사회, 문화, 정치, 경제, 소수민족 등 모든 것이 획일화되고 경직되었다.

중국은 전통적으로 여러 문화가 공존하는 사회이다. 중국에는 55개의 소수민족들이 여러 지역에 살고 있으며, 발전 수준도 서로 달랐다. 민족에 따라서 원시 공산주의 단계에서부터 노예 사회, 봉건 사회, 자본주의 사회, 공산주의까지 다양한 발전 단계가 있다. 재산과 생산수단의 소유 형태도 공유제, 사유제, 혼합제 등 여러 가지가 있다. 중국의 사회 발전 고급 단계에는 공산주의만 있으나 초급 단계로 낮추면 그 속에는 역사 유물론의 원시적인 공산 사회에서 공산주의 사회까지 함께 있다.

헤겔과 맑스의 변증법에서는 사회 발전의 높은 단계로 올라갈수록 사회의 모순은 점점 없어져서 가치 기준이 획일적인 사회가 되며, 마지막 단계에서는 이상 사회 또는 공산주의 사회에 이르게 된다. 짧은 시간 동안에 사회주의의 고급 단계에 이르려고 했던 대약진운동과 문화혁명은 중국의 사회구조와 국가 정책을 획일적으로 만들었으며, 중국 사회의 다양성을 무시했기 때문에 실패했다. 따라서 중국의 사회 발전 단계를 사회주의 고급 단계로 올리지 않고 사회주의 초급 단계로 낮추면 중국 사회의 다양성은 다시 살아난다. 이에 따라 중국이 1980년대 후반 개혁·개방 정책을 실시하면서 사회·경제 정책을 지방정부가 지역의 실정에 맞게 자율로 결정하도록 허락한 것이다. 이것이 개혁·개방의 실용주의 노선이다.

중국은 1987년 11월, 제13차 전국대표자회의에서 사회 발전 정책은 중국의 사회 상황에 알맞아야 한다고 강조하면서 '중국식 사회주의', '중국 특색의 사회주의'를 건설하기 위해 '사회주의 초급 단계론'을 발표했다. 중국의 현실 상황에서 나날이 증대하는 물질문명에 대한 인민들의 욕구와 생산성 낙후 사이의 모순이 주요 모순이며, 계급투쟁은 주요 모순이 아니라고 강조했다. 이전까지 중국의 사회 발전 정책은 더 높은 단계에 도달하기 위해서 생산수단을 늘리는 것보다는 계급 모순과 사회 모순의 해결을 우선으로 생각했기 때문에 국가의 경제 발전에 도움이 되지 못했다. 중국은 상품생산, 즉 자본주의 시장경제가 충분히 발달하지 못한 상태에서 사회주의 단계에 들어갔기 때문에 더 높은 공산주의 사회로 발전하기 힘들었다. 따라서 앞으로는 오랫동안 사회주의 초급 단계에 머물면서 시장경제와 상품생산을 늘리고, 사회주의의 현대화를 실현하기 위해서 개혁과 개방을 강화해야 한다고 했다. 또한 중국이 사회주의 단계를 완성하려면 1956년부터 시작된 사회주의 초급 단계에서 최소한 100년이 지나야 한다고 했다. 1992년에 개정된 헌법에서 "중국은 사회주의 초급 단계에 있다"라고 했으며, 1999년 개정된 헌법에서는 "중국은 장기적 사회주의 초급 단계에 있다"라고 하면서, 사유 경영 기업 제도는 사회주의의 공유제 경제를 보충하는 것이며, 사유 경제는 사회주의 시장경제의 주요 구성 성분이라고 명시함으로써 공유제를 위주로 한 다양한 형태의 소유제 경제의 공동 발전과 노동에 따른 분배를 위주로 한 다양한 분배 방식도 인정했다.

중국은 사회주의 초급 단계론을 통해서 중국이 목표했던 사회주의 고급 단계로 나아가기 위해 자본주의 시장경제와 자본주의 상품생산을 받아들이면서도 사회주의를 포기하는 것은 아니라고 한다. 중국은 이것을 사회주의 시장경제이자 사회주의 상품경제라고 한다. 이것은 다양성을 포용하는 중국의 전통적인 사고방식이며, 사회주의 초급 단계론은 중국 특색의 사회주의이자 중국 특색의 자본주의이다.

맑스는 공산주의 혁명이 성공하기 위해서는 노동자 계급인 프롤레타리아의 숫자가 많아야 한다고 했으며, 중국은 사회주의 고급 단계가 공산주의로 발전하기 위해서는 상품생산이 우선해야 한다고 주장한다. 중국의 주장은 공산주의 혁명을 위해 프롤레타리아의 계급투쟁을 강조한 맑스의 주장과 다르지 않다.

맑스는 상품생산과 시장경제가 발달한 산업화된 자본주의에서 프롤레타리아만을 보고 계급투쟁을 주장했다. 중국의 주장은 공산주의 혁명 계급인 프롤레타리아의 숫자가 많아지려면 산업사회가 발달해야 하며, 산업사회가 발달하려면 상품생산이 늘어나야 한다는 것이다. 상품생산이 늘어난다는 것은 프롤레타리아트 계급이 늘어난다는 것과 같은 뜻이다. 맑스는 산업사회의 프롤레타리아트 계급을 보았고, 중국은 산업사회에서 상품생산을 보았다. 소련의 사회주의에는 공산주의 프롤레타리아트 계급만 있고, 중국의 사회주의 초급 단계에는 공산주의도 있고 자본주의도 있다. 따라서 중국은 공산주의 국가이기도 하고 자본주의 국가이기도 하다. 이것은 중국문화가 외래문화를 중국화시키는 동화 능력의 결과이다. 맑스주의는 중국에 들어와서 중국화되었다.

계급투쟁에 대한 의견 차이는 1980년대 소련과 중국이 공산주의를 개혁하려는 노력에서도 나타났다. 소련은 개혁·개방을 위한 페레스트로이카 운동을 프롤레타리아의 입장에서 보았으므로 공산주의 사상의 변화, 제도의 변화 등에 중점을 두었다. 결국 소련은 생활필수품이 부족하여 인민의 응원을 받지 못하고 개혁·개방에 실패했다. 그러나 중국은 개혁·개방을 상품생산에 중점을 두고 인민의 먹는 문제를 해결했기 때문에 인민의 응원을 받으며 성공했다. 중국은 소련의 경제개혁에 대해서 개혁에 성공하려면 물자 및 기술 보급, 재정과 가격기능 등 핵심 요소가 변화되어야 한다고 충고하기도 했다.

앞에서 말했듯이 중국이 사회주의 발전 단계를 고급 단계에서 초급 단계로 낮추면 높은 단계에서 사라졌던 모순들, 즉 사회 다양성, 지리적 다양성, 민족의 다양성, 제도의 다양성 등이 다시 살아난다. 민족의 다양성에서는 소수민족들의 자율이 늘어나고, 제도의 다양성에서는 공산주의와 자본주의가 공존한다. 따라서 중국에는 자본주의와 공산주의가 공존하는 중국도 있고, 자본주의인 타이완과 홍콩도 있다. 사회주의 초급 단계론에는 '1국가 2제도(일국양제)' 통일 정책도 들어 있다. 진정한 통일은 오랜 시간 동화를 통해 이루어질 수 있다.

세계 인구의 약 4분의 1을 차지하는 것이나 지리적 넓이와 문화적 다양성으로 보아 중국은 단일국가가 아니다. 세계에서 제일 큰 지역(문화)공동체(권)로 중화 세계를 이룬다. 중국은 사회주의 초급 단계론을 통해 맑스주의를 중국화하며, 이분법적인 유럽문화의 공산주의 이데올로기에서 벗어나서 모든 사회 다양성을 포용하는 중화 세계 질서로 다시 돌아갔다. 맑스가 말했던 세계 전체 역사 유물론의 다양성이 사회주의 초급 단계론을 통하여 중국 세계로 축소되면서 동시에 중국이 세계화된다(중화). 중국이 세계로 확대된다.

15

중국의 대동 사회와 제국주의

인간은 어느 사회에서든 오늘보다 생활이 나아진 내일을 생각한다. 지금의 생활이 어려우면 더욱 이상 세계를 그리워하며 종교에 의지하기도 한다. 이러한 이상 세계를 기독교문화권에서는 천국, 에덴동산, 불교문화권에서는 극락세계, 유교문화권에서는 다 같이 잘사는 대동 사회, 복숭아꽃 동산에서 신선들이 사는 무릉도원, 노자가 생각했던 전쟁 없이 자급자족하면서 적은 백성이 사는 작은 나라(小國寡民)라고 한다. 기독교문화권의 천국과 불교문화권의 극락세계는 인간이 죽고 나서 나타나는 세계이기 때문에 현실에서는 볼 수가 없다.

중국의 역사는 분열과 빈곤이 반복된 혼란의 역사이기도 하다. 중국은 농경 사회이기 때문에 인구가 많아서 흉년이 들면 사람들이 배고픔과 죽음에 시달렸다. 또한 중국은 땅이 넓고 지리 환경과 인종이 다양하기 때문에 정치적으로 분열되고 지역들 사이에 분쟁이 잦았다. 혼란의 연속이었다. 따라서 중국의 통치자들이 가장 관심을 가졌던 것은 반복되는 분열과 빈곤을 막는 일이었다. 이를 위해서 무엇보다 국민의 걱정을 덜어주어야 했다. 그래서 중국의 철학이나 사상을 가리켜 국민의 생활을 우선하는 인본주의라고 한다.

중국의 인본주의는 춘추전국시대에 공자의 유가 사상에서 싹트기 시작했다. 공자는 백성들이 옷을 잘 입는 의(衣), 배불리 먹는 식(食), 좋은 집에서 사는 주(住)를 해결하려면, 온포(溫飽) 사회와 소강(小康) 사회를 거쳐서 대동(大同) 사회에 이르는 발전 단계를 거치게 된다고 했다. 공자가 "백성은 먹을 것을 하늘로 여긴다"고 말한 것처럼 온포 사회는 백성이 따뜻하고 배부르게 먹고 사는 사회를 말한다. 이것은 백성에게 필요한 의식주 중에서 '식'을 해결하는 일이다. 소강 사회는 먹는 문제가 해결되고 일상생활에서 여유가 있는 사회를 말한다. 이것은 백성의 생활에서 '의'와 '주'를 해결하는 일이다. 소강 사회에서는 개인의 이익을 우선해서 모든 행위가 자신과 자기 가족을 위한 것이므로 사회 통합이 잘 이루어지지 않으며, 천하를 개인의 것으로 생각한다.

대동 사회는 의식주가 해결되고 백성이 모두 균등하게 잘사는 사회이다. 공자는 대동사상에서 두 가지를 강조했다. 첫째는 "가난함을 걱정하지 않고 불균등함을 걱정해야 하며, 균등하면 가난함이 없다", 둘째는 "노인이 편안한 여생을 보내고 어린이가 사랑과 관심을 받아야 한다"이다. 첫째는 사회 분배를, 둘째는 사회보장과 복지를 말한다. 대동 사회가 이루어지면 "힘 있는 자는 힘써 남을 돕고, 재물이 있는 자는 남에게 나누어 주는 데 힘쓴다", "천하가 일가가 되고 나라가 한 사람처럼 된다"고 하면서 평화가 유지되는 태평한 태초 사회인 이상 사회가 실현된다고 한다. 대동 사회에서는 현명하고 인격을 갖추고(至人) 덕이 있는(至德) 정치가 이루어진다고 했다.

대동 사회의 모습은 모든 인간이 평등하게 지내던 원시적인 공산사회 시대(태초의 사회)와 같다. 그러나 부족국가들이 대립하는 춘추전국시대로 접어들면서 백성들이 고통을 받았기 때문에 분쟁이 없었던 원시 공산사회 시대를 그리워하면서 이상 사회를 생각했다. 중국의 대동사상은 유럽의 유토피아 사상처럼 차별 없이 평등한 사회를 그렸다. 중국 역사에서 춘추전국시대를 지나면서 중국의 이상 사회 논의에 대한 여러 사람들의 생각이 계속 이어졌다. 1884년에는 캉유웨이(康有爲)가 『대동서(大同書)』를 지어서 대동 사회를 현대적으로 구체화했으며 중국을 개혁하려고 노력했다.

마오쩌둥(毛澤東)이 1949년에 중국을 건설하여 이룩한 업적은 크게 두 가지로 볼 수 있다. 첫째는 역사에서 분열을 반복하던 중국을 통합했다는 것이고, 둘째는 흉년에 굶어 죽는 일을 완전히 끊어놓았다는 것이다. 마오쩌둥은 중국을 지리적으로 통합했을 뿐만 아니라 1950년대 대약진운동과 1960년대 문화혁명을 통해서 소수민족들의 독립을 막았다. 또 1969년 브레즈네프 독트린으로 중국을 무력으로 침공하겠다는 소련의 의도를 실현하지 못하게 했다. 브레즈네프 독트린은 소련 공산당 서기장 레오니트 일리치 브레즈네프(Leonid Il'ich Brezhnev)가 1968년 체코슬로바키아를 무력으로 침공하면서 만들어낸 주권제한론으로, 사회주의 국가들의 종주권을 가진 소련이 전체 공산권의 이익을 위해서 특정한 국가의 주권을 제한할 수 있다는 주장이다. 이것은 1989년 10월 바르샤바조약기구(WTO)에서 공식적으로 폐기되었으며, 이로써 동유럽 국가들의 자주권을 주장하는 자유화 운동이 활발해졌다.

소련은 1950년대와 1960년대에 종주권을 둘러싼 갈등과 국경분쟁으로 중국을 위협했다. 특히 체코슬로바키아 사태 이후 소련의 중국 침공 가능성이 높아졌다. 1950년대 대약진운동과 1960년대 문화혁명은 이데올로기 갈등이나 권력투쟁이 아니라 군사전략이었다는 의견이 많다. 중국은 당시에 현대 무기가 없었기 때문에 소련과 직접 전면전을 하기에는 역부족이었다. 그래서 중국은 소련군이 들어오면 자급자족할 수 있는 인민공사들이 소련군을 에워싸고 고립시키는 게릴라 작전을 펼쳐서 승리한다는 구상을 세웠다. 이것은 "물고기를 잡으려면 물길을 막고 물을 퍼낸다"는 마오쩌둥식의 포위하고 고립시키는 게릴라 전법이다. 홍위병들은 혁명의 열기를 북돋우고 소수민족들의 움직임을 억제했다. 1980년대 덩샤오핑(鄧小平) 시대에 와서는 군사 장비가 현대화되었으므로 방위 전략이 게릴라 전법에서 국경에서 적을 퇴치하는 전법으로 바뀌었다. 그러므로 인민공사도 해체할 수가 있었다.

중국 역사에서는 농경 사회에서 시작해서 20세기까지 몇천 년을 이어오면서 가뭄과 기후변화에 따른 흉작으로 많은 사람이 굶어 죽는 일이 자주 일어났다. 기원전 108년에서 1911년까지 1828번의 대기근이 기록되었다. 1876년에는 북중국에서 발생한 기근으로 1300만 명이 굶어 죽었다. 그러나 마오쩌둥 시대(1949~1976년)에는 이러한 기근에서 중국을 완전히 해방시켰다. 마오쩌둥 시대에 중국의 1인당 국민소득은 1952년 14.39달러, 1983년에 70.1달러에 지나지 않았다.

덩샤오핑 시대(1976~1990년)에는 공산주의 이데올로기를 강조하던 마오쩌둥 시대와는 달리, 중국의 경제적 어려움을 극복하기 위해서 "검은 고양이든 흰 고양이든 쥐만 잘 잡으면 된다"는 말로 전문 기술을 강조하는 실용주의를 택했다. 이 말은 공산주의이든 자본주의이든 중국 인민의 생활수준만 높이면 된다는 뜻으로도 생각할 수 있다. 덩샤오핑은 1987년에 사회주의 초급 단계론을 만들어서 마오쩌둥 시대의 중앙집권적이고 획일적인 사회경제 정책을 지역의 특성에 맞는 정책으로 바꾸었다. 사회주의 초급 단계론은 지역의 특수성과 중국의 다양성을 사회경제 정책에 적용하려는 것으로, 유럽 사상에 바탕을 둔 마오쩌둥 시대의 맑스주의를 중국화시킨 것이다.

1992년에는 남순강화(南巡讲话)를 통해 중국의 사회주의 개혁을 위해서 자본주의를 받아들이도록 했다. 덩샤오핑은 따뜻하고 배부르게 사는 온포 사회의 틀을 만들었다. 온포 사회는 1인당 국민소득이 500달러 수준이 되어야 한다. 중국은 1982년 공산당 제12차 대표자대회에서 소강 사회로 발전하는 것을 목표로 한다고 했다. 1인당 국민소득은 1983년에 70달러, 1989년에 183달러, 1993년에는 355달러였다.

소강 사회는 먹고 입고 자는 것을 해결한 바탕에서 생활의 질을 더욱 높여 풍족하고 윤택한 살림에 달한 수준으로, 1인당 국민소득이 1000달러에 이르는 사회이다. 온포 사회에서 소강 사회로 가기 위해서는 생활 물자가 더욱 풍족하고, 소비구조가 더욱 합리적이며, 주거 환경은 더욱 개선되어야 한다. 1982년 공산당 대표자 대회에서 20세기 말까지 공산품 생산을 늘리고 산업구조와 지역 경제 분포를 합리화하며 과학기술 수준을 높여 국민총생산을 현재의 4배로 올려서 중국을 소강 사회로 이끌기 위해 노력한다고 했다.

장쩌민 시대(1990~2003년)에는 2003년 기준 1인당 국민소득이 1000달러를 넘었다. 장쩌민(江澤民) 주석은 2002년 11월 공산당 제16차 전국대표자대회에서, 중국은 이미 소강 사회에 도달했으며 이를 더욱 전면적이고 높은 수준으로 올리기 위해 2020년까지 중국의 국내총생산(GDP) 수준을 2000년의 4배인 4000달러에 이르게 할 것이라는 계획을 발표했다.

높은 수준의 소강 사회에 도달하기 위해서는 중국의 사회제도를 고쳐야 한다. 대동 사회로 가기 위해서는 분배와 사회보장이 이루어지는 균등 사회와 덕치 사회가 이루어지도록 사회의 기틀을 만들어야 한다. 덩샤오 핑이 사회주의 초급 단계론에서 중국의 유교 사상과 유럽의 맑스주의 사 상을 함께 섞어놓았던 반면, 장쩌민은 중국 고유의 유교 사상으로 돌아갔 다. 장쩌민은 1995년 "덩샤오핑이 시장경제를 도입함에 따라 중국 고유의 사회윤리와 전통 가치가 위기를 치닫고 있다"라고 판단하고 이를 고치기 위해서는 전통적인 유교문화를 부활시켜야 한다고 했다. 그는 또한 중국 의 맹목적인 서방화가 사회질서 발전의 기회를 박탈할 수 있다고 하면서, 동남아시아의 최근 경제성장에는 전통문화가 크게 이바지했고, 동양문화 는 머지않아 서양에서도 받아들여지게 될 것이라고 했다.

장쩌민은 중국 역사에서 과거에 안정과 번영을 이루었던 때는 모두 건 강하고 유능한 계몽 군주의 중앙정부가 통치했을 때였으므로 앞으로 중 국의 발전도 강력한 중앙정부를 통해서 이루어질 수 있다고 강조했다. 그 러면서 장쩌민 체제의 지도 이념을 '자비로운 공산당 독재'라는 개념을 도 입하여 '관용적 권위주의'라고 했다. 자비로운 공산당 독재는 프롤레타리 아트 독재라는 맑스·레닌주의와 마오쩌둥주의 시대의 통치이념에 유교의 권위주의와 덕치주의의 자비로움과 관용을 접합시킨 것이다. 자비로운 공산당 독재라는 용어에는, 중국이 과거의 유교사회로 돌아가지만 중국 역사의 일부가 된 공산주의 중국을 거부하지 않는다는 뜻이 포함된다고 생각한다. 중국을 유교의 통치 이념에 포함시킴으로써 유럽의 사상인 맑 스주의를 중국 사상에 품는다.

장쩌민은 2001년 1월에 열린 중앙선전공작에서 유교의 4서(대학·중용· 논어·맹자)와 5경(시·서·예·역·춘추)을 초등학교에서 가르치도록 해 1912년 에 폐지되었던 유교 교육을 89년 만에 부활시켰다. 그는 나라를 다스리는 일은 법치만으로는 충분하지 못하고 반드시 덕치가 있어야 한다고 했다.

1987년 사회주의 초급 단계론이라는 명분으로 개인기업을 허용했기 때문에 개인기업의 비중이 커지면서 공산당 이론으로는 중국의 사회 변화를 품을 수가 없었다. 이를 해결하는 방법으로 다당제를 도입하고 공산당 이름도 사회민주당 등으로 바꾸는 것을 생각하기도 했다. 그러나 공산당 이름을 그대로 두고 공산당의 성격을 프롤레타리아트 계급 정당이 아니라 사회의 모든 계급과 다양성을 포용하는 정당으로 탈바꿈했다. 중국의 정당 제도는 1949년 건국과 함께 공산당 일당 영도 아래 8개 정당의 합작이었지만, 실제로는 공산당 일당독재였다. 정당은 모두 9개이지만 야당은 없었다. 중국은 서유럽과 같은 양당제나 다당제를 꺼려한다. 이유는 중국의 오랜 역사 경험에 비추어 보면 이러한 서유럽형 민주주의가 중국에 혼란과 분열을 가져올 위험이 크다고 보기 때문이다.

공산당 기관지 《홍기문고(紅旗文稿)》 2014년 9월호에는 다음과 같은 내용이 실렸다.

> 과거 유고슬라비아는 서유럽 다당제를 무리하게 도입했다가 무력 충돌과 국가 분열을 겪었다. … 중국이 공산당 영도를 포기하면 일 년 안에 수만 개의 정당이 생겨나고 1억 3000만 명의 난민과 1300만 명의 사망자가 발생할 것이다. … 중국 경제는 20년 후퇴하고 5000년 역사의 중국은 30여 개의 작은 국가들로 쪼개질 것이다. … 서유럽은 민주, 자유, 인권을 내세워 아프리카 등에 다당제를 강요했다. … 저개발국이나 개발도상국은 민주화보다 경제개발과 민생 개선이 더 시급하다. 그러나 서유럽의 요구에 따라 민주 선거를 치르는 데 제한된 자원을 소진하는 바람에 경제 발전은커녕 정치·사회는 혼란에 빠졌다. … 중국이 서유럽식 다당

제를 수용하면 각 지역과 민족의 이익을 대변하는 정당이 난립하여 '너 죽고 나 살기'식 권력투쟁을 벌인다면 중국은 결국 분열될 것이다.

1997년 중국 공산당 개혁 세력의 일부는 중국의 대부분 기업들이 엄청난 적자를 안고 있으면서도 불필요한 인력을 '노동자는 국가의 주인'이라는 사회주의 이론 때문에 해고하지 못한다고 생각했다. 그래서 노동자를 국가의 주인이라는 지위에서 기업의 고용된 종업원으로 바꾸도록 헌법과 공산당 당헌을 고치자고 주장했다.

중국사회과학원이 2001년 12월 발표한 「당대중국사회계층연구보고」에 따르면 과거 중국의 사회계층은 2계급(노동자, 농민)과 1계층(지식분자)으로 구성되었으나, 개혁·개방 이후에는 ① 국가사회 관리자(2.1%), ② 대기업·중기업체 관리자(1.5%), ③ 사영기업주(0.6%), ④ 전문기술자(5.1%), ⑤ 행정사무인력(4.8%), ⑥ 개체 상공업자(4.2%), ⑦ 상업 서비스 종사자(12%), ⑧ 일반 노동자(22.6%), ⑨ 농업 노동자(44%), ⑩ 도시 실업·반실업자(3.1%)의 10개 사회계층으로 늘어났으며, 이 중에서 대·중기업체의 관리자와 사영기업주, 개체 상공업자 계층은 시장경제 개혁의 주요 추진 세력이자 선진 생산력을 대표하는 계층이다. 특히 과거에는 국가의 주인이던 노동자와 농민이 최하계층에 분류되었다.

장쩌민은 2001년 7월 1일 중국 공산당 창당 80주년을 맞은 기념 담화를 통해서, 개혁·개방 이후 중국의 사회계층 구성이 변화했으며 이들 다양한 사회계층들도 중국 특색의 사회주의 건설자라고 하면서, 단순히 재산이 많고 적음에 따라 정치사상의 건전 여부를 판단할 수는 없으므로 중국 공산당이 ① 기업 사업가로 대표되는 선진사회 생산력의 발전, ② 지식인으로 대표되는 선진 문화 발전, ③ 노동자와 농민으로 대표되는 광대한 인민의 근본이익을 대표한다는 3개 대표론을 발표했다.

장쩌민은 3개 대표론에 따라서 중국 사회를 구성하고 있는 다양한 계층들을 공산당에 받아들이겠다고 했다. 이제 공산당은 더 이상 맑스주의에 따른 노동자와 농민의 당이 아니고 중국의 국민 전체를 대표하는 정당이 되었다. 3개 대표론이 발표되고 나서 자본가·기업가들뿐만 아니라, 종교 지도자들까지도 공산당에 입당했다. 중국 공산당은 계급정당에서 대중정당으로 탈바꿈했다.

2002년 11월 중국 공산당 제16차 전국대표회의(전당대회)에서, 지금까지 공산당의 기본 강령으로 삼아왔던 맑스·레닌주의의 공산당 선언과 관련된 표현이 공산당 당헌에서 삭제되었다. 1997년에 수정된 당헌에는 "공산당 선언이 발표된 이후 100여 년이 지난 지금 과학적 사회주의 이론의 정확성이 증명되었다"라는 표현이 있었으나 2002년 공산당 당헌에서 삭제하고 대신 3개 대표론을 채택했다. 장쩌민은 공산당의 성격을 바꾸는 동시에 마오쩌둥이 맑스주의자였다는 표현을 삭제했으며, 전국적으로 마오쩌둥 기념행사를 하고, 2003년 마오쩌둥 탄생 110주년 기념우표를 발행하며, 중국의 모든 화폐에 마오쩌둥의 초상을 싣는 등 마오쩌둥 바람을 일으켰다.

중국 공산당의 탈바꿈을 보면 중국과 유럽의 생각하는 틀이 다르다는 것을 알 수 있다. 소련의 니키타 세르게예비치 흐루쇼프(Nikita Sergeevich Khrushchyov)는 1956년 공산당을 개혁하기 위해서 전임자인 이오시프 비사리오노비치 스탈린(Iosif Vissarionovich Stalin)을 비판하고 격하시켰다. 그에 따라서 소련은 정치 혼란이 일어났으며 흐루쇼프는 물러났다. 유럽의 방식은 제도를 먼저 바꾸고 사회 상황을 이에 맞추려는 실정법 체계를 따르는 반면, 중국의 방식은 탈공산주의로 가면서도 제도와 상황을 바꾸지 않는 관습법 체계를 따른다.

중국은 21세기를 맞아서 세계 주도 세력의 하나가 되려고 한다. 이를 위해서는 유럽 중심의 철학에서 벗어나 중국 중심의 유교 철학으로 바꾸어야 한다. 중국 정치를 지배해왔던 맑스주의를 중국화해야 한다. 그렇지만 유럽의 이분법 논리처럼 맑스주의를 버리지 않고 이를 중국 철학 속에 녹아들게 한다. 중국문화는 배타적이지 않다. 주변 문화들이 중국화된 복합문화이다. 주변 문화들이 중국에 들어가면 빠져나오지 못하고 중국화된다. 장쩌민은 3개 대표론을 통해서 맑스주의를 중국화시켰다. 중국문화는 주변 문화들의 블랙홀이다.

일반적으로 대동 사회는 2040~2050년 정도에 이르게 되리라고 예상한다. 이때가 되면 중국의 국력이 미국의 국력을 앞지르고 중국이 세계의 헤게모니를 잡을 것이라고 예측된다. 중국은 1인당 국민소득이 2003년에 1000달러를 넘으면서 낮은 수준의 소강 사회가 시작되었고, 이것의 4배인 4000달러에 도달하는 것을 목표로 한 2020년에는 높은 수준의 소강 사회가 이루어진다고 보았다. 그러나 예상보다 10년이나 앞선 2010년에 1인당 국민소득이 4000달러를 넘었다.

중국의 소강 사회 완성은 아직 전국 평균 74.6%라고 국가통계국 과학연구소가 2009년 12월에 발표했다. 완성 정도는 지역에 따라 달랐다. 베이징과 상하이가 90% 이상, 동부 지역이 83.5%, 동북 지역이 77.6%, 중부 지역이 72.4%, 쓰촨성 등 서부 지역이 66.3%에 이르렀다고 했다. 아직도 높은 수준의 소강 사회 상태라고 했다.

중국은 천안문 사태가 일어났던 1989년에 국민총생산이 2047억 달러, 1인당 국민소득이 183달러에 불과했지만, 2002년에는 국민총생산이 1조 2400억 달러에 이르렀다. 2002년에 미국이 10조 4200억 달러이고, 일본이

3조 9800억 달러였다. 중국은 드디어 2012년에 지난 10년 동안 연평균 10.7%의 경제성장률을 기록하면서 일본의 국민총생산을 앞질렀으며, 2014년에는 16조 7349억 달러로 16조 6522억 달러를 기록한 미국을 앞지르고 세계 제일의 경제 대국이 되었다. 한국은 1조 5710억 달러를 기록했다. 중국의 이 기록은 예상보다 5년이나 빨리 달성된 것이라고 한다. 따라서 2040~2050년으로 예상되던 대동 사회의 실현도 2030~2040년으로 앞당겨질 수 있다. 한편 2010년 1월 미국의 외교 전문지 ≪포린 폴리시(Foreign Policy)≫는 2040년 중국의 경제 규모가 123조 달러로 성장할 것이며, 미국의 3배에 달하게 될 것으로 예측했다. 이로써 중국의 국민총생산이 전 세계의 40%를 차지하고, 미국은 14%에 그칠 것이라고 한다. 2021년은 중국 공산당 100주년이고, 2049년은 중국 건국 100주년이다. 중국은 2021년을 앞뒤로 고급 단계의 소강 사회를 이루고, 2049년을 앞뒤로 대동 사회의 시작을 알릴 가능성이 크다.

대동 사회가 이루어질 것으로 예측되는 2030~2040년까지 앞으로 10년 정도가 남았다. 20년은 역사에서는 잠시이며 순간이다. 다시 말해 잠시 후에는 시진핑 국가주석의 중화의 부활, 중국의 꿈이 실현된다. 이것은 과거에 세계 최강대국을 이루었던 중화 세계의 부활이다. 중국은 청나라 때에 황제가 하늘에 제사를 지내던 천단이 모든 도로의 출발점이며 세계의 중심이었다. 그런데 2004년에는 중국 국무원이 베이징에 있는 천안문 광장에 '제로km'를 알리는 상징물을 건설하는 것을 허가하며 천안문 광장이 중국 모든 도로의 기점이 된다고 했다(≪중앙일보≫, 2004.2.7). 대동 사회에서는 천안문 광장이 세계의 중심이 된다. 모든 도로는 새로운 로마, 즉 베이징의 천안문 광장으로 통한다. 이것은 공자가 "대동 사회에서는 천하가 일가가 되고, 나라가 한 사람처럼 된다"고 말한 것이 실현되는 것이며, 중국이 세계화되는 것이고, 제국주의가 이루어지는 것이다.

공자는 대동 사회에서는 "가난함을 걱정하지 않고, 불균등함을 걱정해야 한다. 균등하면 가난함이 없다. 힘 있는 자는 힘써 남을 돕고, 재물이 있는 자는 남에게 나누어주는 데 힘쓴다"라고 말했다. 이것은 공자가 사회복지와 사회 분배를 말한 것이다. 이것을 앞으로 다가올 중국의 대동 사회에 대입하면 "중국(힘 있는 자)은 세계(남)를 돕고, 중국(재물이 있는 자)은 세계(남)에 나누어주는 데 힘쓴다"라고 생각할 수도 있다.

인구와 물자가 풍부한 대량사회 중국이 과거에 있었던 중화 세계 질서처럼 조공 제도를 통하여 세계의 균형을 맞추고 세계는 중국에 사대주의 정책을 펴게 될 것이다. 약소국에 베푸는 분배는 필요에 따라 깔때기 모양으로 선택과 집중으로 이루어질 것이다. 조준 사격이다.

유럽문화권에서는 헤게모니가 군사 정복으로 이루어졌기 때문에 헤게모니가 바뀌는 주기는 100~200년이었다. 중국의 헤게모니는 문화가 동화되면서 오랜 시간을 두고 이루어지기 때문에 유럽문화권에서보다 훨씬 더 오래 계속될 것이다. 지구가 하나가 되는 세계화 시대에는 더더욱 그러하다. 또한 정치권력의 변화가 중국의 헤게모니에 유리하다. 유럽문화권의 정치권력과 정책은 단절될 수도 있지만 중국의 정책은 변함없이 연속된다. 유럽문화권의 정치 경쟁은 선거를 통한 차기 집권 경쟁이기 때문에 선거 결과에 따라 정책이 바뀔 수도 있다. 그러나 중국은 차차기 경쟁이다. 중국의 공산당 서기장(국가주석)은 임기는 5년이며 연임이 한 번 가능하다. 차차기 후계자는 현임자의 1차 임기가 끝날 때쯤에 공산당 원로회의에서 결정되며, 그는 현임자의 2차 임기 동안 함께 일하며, 그의 임기는 현임자의 2차 임기가 끝날 때에 공산당 전국인민대표자대회(전인대)에서 정식 선출 절차를 거친다. 현재의 시진핑 주석은 전임자 후진타오의 2

차 임기 동안 함께 일했다. 이것은 유교의 가부장제도에서 가문을 유지하는 원로회의와 같다. 따라서 중국의 정책은 변하지 않고 연속된다.

역사에서 잠시인 20년쯤 뒤에 있을 중국의 대동 사회, 사해동포, 제국주의를 앞에 두고 한반도는 분단을 극복하려는 노력은 없이 자기주장만 앞세우고 상대방을 적으로 만드는 이분법의 분쟁만 한다. 이러다가 한반도는 사라질 수도 있다.

16

한반도 분할에 한반도가 없다

　한반도 역사에서 분할이 처음 이야기된 것은 (일본의 건국신화에 근거를 두었던 일방적인 주장이기는 하지만) 일본의 신공황후가 한반도의 가야 지방을 군사적으로 정복하여 삼한 지역을 식민지로 만들었다는 임나경영설이다. 이에 따르면 심지어 고구려까지도 일본에 조공을 바쳤으며, 임나일본부는 562년 신라가 대가야를 정복할 때까지 계속되었다고 한다. 삼한 지역은 마한(백제), 변한(가야), 진한(신라)을 말한다. 이때에 일본은 삼한 지역인 한반도 남부를 할양할 것을 중국에 요구했다고 한다. 임나경영설은 비록 신화이기는 하지만 일본의 한반도 정책에서 기초가 된다.

　1592년 일본은 명나라를 공격하려 하니 길을 빌려달라(假道入明)는 명분으로 조선을 침략했다. 명나라는 일본이 침략할 것이라는 정보를 일본에 포로로 잡혀 있던 허의후(許儀後)와 일본과 교류하던 류큐의 상인들을 통해서 알고 있었다. 그러나 조선은 통신사로 일본 사정을 정탐하러 갔던 김성일의 허위 보고 외에는 외부 사정에 어두웠기 때문에 일본의 계획을 믿으려 하지 않았다. 1592년 4월 13일에 부산에 상륙한 일본군 20만 명은 5월 2일 서울을 점령했다. 오늘날 부산에서 서울까지 고속도로의 길이는 416km이다. 지금부터 500여 년 전에는 길도 제대로 없는 산길이었으므로 지금보다 훨씬 거리가 멀고 험했을 것이다. 그때의 길은 두 사람이 나란히 갈 수 없어서 한 줄로 갔다고 한다. 이러한 길을 통해 20여 일 만에 서울까지 이동했다는 것은 20만 명이나 되는 병력이 하루에 20~30km씩, 거의 뛰다시피 했기에 가능했다고 볼 수밖에 없다. 일본군이 부산에 상륙하고 본국에 보낸 보고서에 "조선에는 군인이 하나도 없다"고 적혀 있었다고 한다.

너무나 빠른 일본군의 진격에 혹시 조선이 일본의 앞잡이가 아닌가 의심하던 명나라 군대가 1592년 12월에 조선에 들어오면서 전쟁은 일본에 불리하게 바뀌었다. 일본의 고니시 유키나가(小西行長)가 평양을 점령했을 때 일본은 명나라와 직접 한반도 분할을 논의하기 시작했다. 1592년 9월 일본의 고니시 유키나가는 명나라에 조선을 대동강을 기점으로 남북으로 분할하자고 제안했으며, 함경도를 점령하고 있던 가토 기요마사(加藤淸正)는 평안도와 함경도 이남을 할양할 것을 제안하기도 했다. 명나라도 이러한 제안에 뜻이 있었다. 명나라로서는 대동강선 분할이 중국의 요동 지방 방어를 위한 완충지대 역할이 되므로 관심이 많았다. 그러나 명나라 국내에서 주전론이 우세해 전쟁은 일본에 불리하게 진행되었다.

1593년 4월 서울에 들어온 명나라 군대는 한강을 건너서 남쪽으로 가려고 하지 않고 머물러 있었다. 여기에는 서울과 한강을 기준으로 이북은 명나라에, 이남은 일본에 할양한다는 명나라와 일본의 밀약이 있었다고 한다. 명나라는 요동 지방의 방어를 위해서 한반도 분할을 계획했다. 또한 1594년에 명나라는 조선을 다시 일어나지 못할 나라로 보고, 지난날

원나라 때처럼 조선에 정동행성을 설치하고 명에서 파견한 순수사(巡狩使)를 통해 왕과 신하들을 관리하는 직할 통치 구상도 세우고 있었다. 이에 조선의 선조는 명나라 군대가 있어야 신하들의 반란과 반역을 막을 수 있고 왕위를 유지한다고 생각하고 직할 통치를 찬성했다고 한다. 심지어 함경도에서 일본군에게 포로로 잡힌 임해군은 자기만 풀어준다면 한강 이남의 땅은 어느 지역을 불문하고 마음대로 내어줄 수 있다고 말했다고 한다. 이것이 조선을 책임지고 있던 임금과 왕자의 말이다.

1593년 6월 도요토미 히데요시가 강화 조건 7개조를 명나라에 전달하여 강화 회담이 정식으로 시작되었다. 7개조 중에서 제4조에서는 "명나라와 8도를 나누어 한성(서울)과 4도를 조선 국왕에게 돌려보낸다"라고 했다. 일본이 할양받은 4도가 어디인지 정확히 적지는 않았지만, 경기도·충청도·경상도·전라도라고 추측한다. 그러나 1596년 6월 중국의 천자가 이에 대한 회답으로 보낸 칙유에는 조선 4도 할양은 없고 "도요토미 히데요시를 일본 국왕에 봉한다"라고 했다. 이것은 일본을 중국의 책봉 제도에 포함시키는 것이었다. 이로써 강화 회담은 결렬되었으며 도요토미 히데요시는 격분하여 1597년 1월에 군사를 일으켜서 조선을 다시 침략했다. 정유재란은 1598년 8월 도요토미 히데요시가 사망하면서 끝이 났다.

강화 회담이 결렬된 것은 명나라의 강화 회담 대표였던 심유경(沈惟敬)의 영향이 크다. 조선은 심유경 때문에 살아남았다고 할 수도 있다. 심유경은 강화 회담을 성사시키기 위해서 당시에 회담 상대였던 고니시 유키나가와 협의하에 도요토미 히데요시가 항복한다는 문서를 위조해 강화 7개조를 숨긴 채 명나라 조정에 전달했다. 명나라 조정은 그 사실을 알지 못한 채 도요토미 히데요시에게 일본 왕에 봉한다는 칙유를 보냈다. 후에 심유경은 이에 대한 책임을 물어 참형을 당했다.

임진왜란에서 조선이 분할되지 않고 살아남은 데는 심유경의 위조사건 영향이 크다. 만일 명나라가 강화 7개조를 알고 한반도 남부 4개도를 일본에 할양했다면, 전쟁 비용을 감당하느라 힘들어하던 명나라도 한반도 북부 4개도를 직할 통치하거나 협상 과정에서 일본과 밀약한 대로 요동 지방에 합병했을지도 모른다. 그랬다면 한반도의 존재는 사라졌다.

임진왜란 중에 있었던 명나라와 일본의 한반도 분할 논의 과정에 한반도는 없었다. 조선은 그러한 사실을 알지도 못했고, 알았다 할지라도 이에 참여하지도 못하고 아무런 결정권도 없었을 것이다.

1890년대에는 종주권을 주장하는 청나라와 서양 문물을 받아들여서 현대 무기를 가진 군대를 보유하고 정한론의 여론을 등에 업은 일본이 한반도에서 대립했다. 1894년 6월 미국 주재 일본 공사가 일본 정부에 한반도를 3분할할 것을 건의했다. 한반도 남부 4개도는 일본이, 북부 3개도는 청나라가, 경기도는 잠정적으로 조선이 차지한다는 3분론은 일본 정부의 청나라와 타협하지 않는다는 정책 때문에 진전이 없었다.

1894년 7월 25일 청일 전쟁이 시작되기 일주일 전에는 영국 외상 존 킴벌리(John Kimberley)가 청나라와 일본이 한반도를 분할 점령하는 것을 제안했다. 남부 4개도(경상, 전라, 충청, 강원)는 일본이 단독으로 대내외 문제를 감독·보호하고, 북부 3개도(평안, 함경, 황해)는 청나라가 감독·보호하며 경기도와 서울은 서로 점령하지 않는다는 내용이었다. 이와 같은 시기에 미국 주재 일본 공사도 비슷한 의견을 일본 정부에 건의했다. 남부 4개도는 일본이, 북부 3개도는 청나라가, 경기도와 서울은 청나라와 일본이 공동으로 제3국의 간섭을 방지하고 이를 조선 국왕의 관할에 둔다는 내용이었다. 킴벌리의 제안을 청나라는 수락했으나, 한반도 전체를 차지하려는 일본의 반대로 제안은 실현되지 못했다. 그리고 1894년 7월 25일 일본이 인천항에 있던 청나라 함대를 공격하면서 청일 전쟁이 시작되었다.

청일 전쟁이 일본의 승리로 끝나자 러시아는 한반도에서 일본 견제에 나섰다. 1896년 5월 러시아 황제 니콜라이 2세(Nikolai Ⅱ)의 대관식에 참석했던 일본의 특명전권대사 야마가타 아리토모가 분할선이 분명하지 않은 한반도 분할을 제안했다. 이 분할에 대해 대동강과 원산을 지나는 39도선이라는 주장과 서울과 한강을 중심으로 하는 38도선이라는 주장이 있다. 그러나 러시아는 일본보다 자신이 강하다고 믿고 한반도 전체를 지배하여 남부 지방에서 항구도 얻으려고 일본의 제안을 거부했다.

조선은 1902년 10월 조선 중립화 계획을 일본에 알렸다. 그러나 일본과 러시아는 조선이 혼자 힘으로 중립을 유지할 능력이 없다고 판단하고 이에 반대했다. 일본은 1897년 대한제국을 세우고 나서 한반도를 혼자 지배하기를 바랐다. 반면 러시아는 1900년 의화단 사건을 기회로 확보한 만주에서 이익을 확보하기 위해 1903년 10월 한반도를 39도선으로 분할하여 그 북쪽을 중립 지역으로 하자고 일본에 제안했다. 이것은 러시아가 한반도에 대한 일본의 이익을 어느 정도 인정한 것이었다. 그러나 일본은 한반도와 만주를 교환하자는 주장을 하면서 한반도 전체를 지배하려 했다. 러시아의 남진 정책과 일본의 북진 정책은 1904년 2월 10일 러일 전쟁으로 충돌했으며, 한반도 분할 논의는 끝났다. 일본은 1905년 11월 17일 을사조약을 맺고 조선을 보호국으로 만들었다. 이렇듯 1890년대 이후 1910년 한일합병까지 중국, 일본, 러시아 사이에 있었던 한반도 분할 논의 과정에도 한반도는 없었다.

제2차 세계대전 이후 자기 문제를 스스로 해결하지 못하고 남의 힘으로 해방을 맞은 한반도는 '임시로' 소련과 미국에 의해서 분할 점령되었다. 한반도 분할을 '누가, 언제, 어떻게, 왜' 했는가에 대한 물음의 답을 아무도 알지 못한다. 이에 대해서 온갖 주장과 추측이 떠돌 뿐이다. 분할 점령을 '임시로' 한다는 명분이 이데올로기 동서 냉전으로, 6·25 전쟁으로 이어졌고, 오늘날에도 한반도가 군사분계선으로 분단된 채 남아 있는 결과로 이어졌다. 분할의 과정을 모르기 때문에 이를 극복하는 방법을 찾기는 더욱 어렵다. '임시'를 우리 힘으로 이겨야 한다. 잘못하면 '임시로'가 '영원히'가 된다.

한반도의 역사에서 국내문제는 자율적으로 처리했다고 할 수 있지만, 국제사회에서 살아남는 것과 독립하는 문제는 전적으로 강대국에 의존하는 수동적인 역사였다. 이의 논의 과정에 한반도는 참여하지 못하고 없었다. 한반도 분할에 책임지는 강대국은 하나도 없고 오늘날에도 강대국들은 분단을 이용하여 자기 이익을 챙길 생각만 하고 있다. 한반도 통일을 바라는 주변 강대국은 하나도 없고 분단 상황이 유지되기를 바라고 있다. 분단된 한반도에서 남한과 북한은 이데올로기 대립과 군사 대립을 이어가고 있다. 자기가 주장하는 통일만 생각하고 서로 이분법적이고 배타적이다. 만일 서로의 분단 극복 노력이 뜻하지 않게 무력 충돌로 이어진다면 현대 무기로 무장한 남북한은 한반도의 주민과 시설을 모두 파괴할 것이다. 그러면 강대국들은 파괴되고 텅 빈 한반도 분할을 다시 논의할 것이다. 만일 이렇게 된다면 이번의 한반도 분할에서 한반도는 살아남기 힘들다. 자기의 운명은 남이 책임져주지 않는다. 이러한 가까운 미래에 미리 대비해야 한다. 강대국들이 자기 영토를 나누어 가지려는 논의 과정을 알지도 못했던 어리석은 역사를 되풀이하지 말아야 한다.

17

독일은 동독과 서독으로
분단되지 않았다

　독일은 제1차 세계대전 패배로 베르사유조약을 통해 많은 전쟁배상금을 부담하고, 가지고 있던 해외 식민지를 빼앗기는 등 침체되어 있었다. 이에 1933년 집권한 아돌프 히틀러(Adolf Hitler)가 해야 할 일은 침체된 독일의 분위기를 되살리고, 독일을 다시 강대국으로 만드는 것이었다.

　그는 1938년 3월 13일 자기의 고향인 오스트리아를 독일에 합병시켰고, 오스트리아 합병(Anschluss)으로 대독일(Great Germany)의 꿈을 이루었다. 본래 체코슬로바키아의 서부 보헤미아 지역(Sudeten Deutschland)에는 독일계 주민이 많이 살고 있었는데, 히틀러는 제1차 세계대전의 승전국인 영국과 프랑스에 이 지역을 할양해달라고 요구했다. 독일이 이미 베르사유조약으로 많은 굴욕을 당했다고 생각했던 영국의 네빌 체임벌린(Neville Chamberlain) 수상은 유화 정책(appeasement policy)을 써서 히틀러의 요구를 받아들였다. 보헤미아 지역은 1939년 3월 15일 독일에 합병되었다. 체임벌린이 히틀러에게 양보한 것은 영국이 아직 전쟁 준비가 되지 않았기 때문이라고 한다. 그러나 해양 세력론의 입장에서 보면 해양 세력인 영국이 대륙 세력인 독일과 유럽 대륙에서 전쟁하기에는 불리하기 때문에 전쟁터를 바다를 접하고 있는 폴란드로 옮기려는 계획이기도 했다. 1939년 9월 1일 독일이 폴란드를 침공하며 제2차 세계대전이 시작되었다.

제2차 세계대전이 끝나갈 무렵 새로운 세계 질서를 만들기 위해서 미국의 프랭클린 델러노 루스벨트(Franklin Delano Roosevelt) 대통령, 영국의 윈스턴 처칠(Winston Churchill) 수상, 소련의 스탈린 서기장이 소련 크리미아반도에 있는 얄타에서 모였다. 얄타회담(1945.2.4~2.11)에서는 전쟁이 끝난 이후의 영토 조정 문제, 동아시아에서 벌어지는 일본과의 전쟁에 소련이 참가하는 문제 등을 다루었다. 이 회담에서 가장 중요한 것은 세계 문제를 다루는 중심을 국제연맹에서 국제연합으로 바꿨다는 것이다. 제2차 세계대전 이후를 얄타체제라고 부른다. 얄타회담은 공식 회의록을 남기지 않았는데, 이것은 전후 문제 처리에서 생기는 불만에 대해 무거운 책임을 지지 않고 서로가 숨기려는 뜻이었다고 생각한다. 그만큼 이 회의 결과의 영향력이 크다는 뜻이기도 하다.

얄타회담을 통해 독일은 1938년의 오스트리아 합병과 1939년의 보헤미아 합병이 취소되어 1937년에 있던 헌법(Verfassung)에서 정한 영토로 돌아가게 되었다. 또한 미국, 소련, 영국, 프랑스 4대 강국이 독일 영토를 분할 점령하여 앞으로 2년 동안 각국이 맡은 지역을 책임지고 독일 군사 장비 접수 등 전후 문제를 처리하기로 했다.

스탈린은 프랑스를 점령국으로 인정하려 하지 않았다. 전쟁 중에 친독일 비시 정권이 들어섰던 프랑스가 전쟁에 제대로 참가하지 않았다는 이유에서였다. 결국 프랑스 점령 지역은 미국과 영국의 점령지에서 떼어내어 정하게 되었다. 따라서 소련 점령 지역은 독일의 3분의 1이지만 미국,

영국, 프랑스의 지역은 그보다 작다. 이에 대해 프랑스는 얄타회담에서 제외된 것이 앵글로색슨(미국과 영국)의 음모라고 비난하면서, 새로운 세계 질서인 얄타체제를 거부했다.

이후 소련은 전쟁의 보상으로 동독 지역에 있는 공장 시설들을 소련으로 옮겼다(demontage). 이로써 소련의 공업화 속도가 빨라졌다. 또한 전쟁 기간에 독일과 유럽에 있던 학자들이 미국으로 망명하거나 이민하여 미국의 학문 발전에 기여하기도 했다.

점령한 지 2년이 지난 1947년에 독일의 통합을 논의하기 위해서 4개 점령국 대표들이 모였으나 합의에 이르지 못했다. 이때는 이미 동서 이데올로기 냉전이 시작되었으므로 소련의 점령 지역은 통합정부 구성에 참여하지 않으려 했다. 통합정부에 실패한 후 미국, 영국, 프랑스 3개국은 1949년 5월 23일 점령 지역을 통합하여 자본주의 독일연방공화국(BRD: Bundesrepublik Deutschland)을 설립했고, 소련 점령 지역은 1949년 10월 9일 공산주의 독일민주주의공화국(DDR: Deutsche Demokratische Republik)을 설립했다. 자본주의인 서독은 독일연방공화국 설립과 동시에 1949년 5월 23일 헌법에 해당하는 기본법(Grundgesetz)을 공표했다. 이를 헌법이 아니라 기본법이라고 한 것은 서독 지역만의 부분적 국가 건설이 임시 조치임을 나타내기 위해서였다. 추후 동독 지역이 편입되어 통합정부가 구성될 때에 헌법이라는 이름을 사용하기로 했다. 서독의 지역 대표들은 항구적인 독일 분할을 가져올지도 모를 헌법 제정을 꺼려서 헌법 대신 기본법, 제헌의회 대신 의회평의회라는 용어를 썼다.

독일이 분리되고 나서도 동독과 서독 사이에는 통신·인적·물자 교류가 끊어진 일이 없다. 비록 갈라져 있지만 '하나의 독일'에서 만든 1937년의 헌법이 잠시 유보되어 있을 뿐이지 살아 있었기 때문이다. 동독·서독 사이의 관계와 교류를 '독일 안에서의 관계(innerdeutsche Beziehungen)'라고 한다. 개인들 사이의 서신 교류는 자유롭게 이루어졌다. 심지어 동독을 탈출한 사람이 동독에서 취득한 졸업장이나 자격을 서독에서 동독의 관계 기관에 편지로 신청하면 보내주었다.

서독은 인적 교류를 규제하지 않았으나, 동독은 이를 상당히 규제하거나 금지했다. 1961년까지 매년 약 70~80만 명의 동독 주민이 서독을 방문했다. 이들 대부분은 나이 많은 연금 수령자들이었다. 매년 약 20만 명 정도가 서독으로 탈출했는데, 이 중에서 절반 이상이 왕래가 자유로운 베를린을 통해서 탈출했다. 동독은 노동력의 탈출을 막기 위해서 1961년 베를린 장벽을 설치했다.

동독과 서독 사이에 거주 이전도 가능했다. 동독에서 서독으로 이주한 사람은 1950년대에 380만 명, 1960년대에 22만 명, 1970년대에 17만 명, 1980년대에 22만 명에 달했으며, 서독에서 동독으로 이주한 사람은 (이 중에 생활 부적응자와 범죄자도 있지만) 1950년대 40만 명, 1960년대 3만 7000명, 1970년대 1만 5000명, 1980년대에 1만 7000명에 달했다(김학성, 1996).

독일은 이렇게 분리되었어도 교류가 끊어진 일이 없이 계속되었고, 이데올로기 냉전 체제가 약해지면서 1989년 11월 9일에 베를린 장벽이 무너졌다. 1990년 10월 3일 리하르트 폰 바이츠제커(Richard von Weizsäcker) 서독 대통령은 독일의 통합을 공식적으로 선포했다. 독일에서는 독일 통일이 아니라, 소련의 점령 지역인 동독이 서독의 통합정부에 편입된 것이라고 한다. 이것은 동독의 귀환 또는 복귀이다. 그런데 분단된 한반도에는 서독이 동독을 흡수통일했다고 잘못 이해하고 있다. 지금도 독일은 통합되었기 때문에 유럽연합에서 강한 영향력을 가질 수 있다.

독일의 분리는 '누가, 언제, 어떻게, 왜'라는 과정이 분명하므로 분리하게 시킨 강대국들이 통합할 책임이 있었으며 통합 방법까지도 국제적 합의로 정해두었다. 따라서 독일의 통합은 절차와 과정을 법으로 정할 수도 있었다. 그러나 한반도는 '누가, 언제, 어떻게, 왜'라는 질문에 대답할 사람이 아무도 없다. 책임질 사람도 없다. 통일을 위한 절차와 과정도 없다.

독일은 40년 동안 분리되었으나 교류가 끊어지지 않았고, 한반도는 교류가 완전히 끊어진 상태로 70년 동안 분단되어 지금도 분단이 계속되고 있다. 분리된 독일을 통합한 정책과 분단된 한반도를 통일하려는 정책은 달라야 한다. 한국의 정책 담당자들이나 최고 책임자는 통일의 충고와 교훈을 얻는다며 독일에 가서 한반도의 통일 구상이나 정책을 발표한다. 이것은 상황을 알지 못하는 남의 집에 가서 집안 이야기를 하는 격이다. 있지도 않았던 흡수통일을 말하면서 '독일 따라 하기'를 하는 것은 북한과의 대립만 더욱 심하게 만들 뿐이다. 역사에서 똑같은 실수는 반복되지 않기에 북한도 흡수통일에 대한 대응 방법을 이미 연구했을 것이다. '정책 따라 하기'는 하지 말아야 한다. 독일은 통일의 성지가 아니다.

사회가 발전하고 정보화가 진행되면 다양한 정치적 의견들이 나온다. 국내정치의 다양성이다. 분단된 한반도에서는 분단을 극복하려는 생각도 다양하게 표출된다. 정부는 이러한 다양한 생각들을 포용해야 한다. 일부 사회단체나 정부 관계자는 정부의 통일 정책을 벗어난 생각이나 사람들에 대해 '친북', '종북'이라고 말한다. 심지어 외교통상부 장관이 이들에게 "북한으로 가라"고 말하는 일도 있었다. 이것은 국내문제를 외부에 돌리고 지배를 유지하기 위해서 반대 세력을 추방하는 직무 유기이다. 이는 국내정치의 포용력 부족을 드러내는 것이며, 선과 악으로 구분하여 사회 갈등을 더 심화하는 길이다. 국내문제는 국내에서 해결해야 한다. "북한으로 가라"고 말하기에 앞서 동독·서독처럼 통일을 위한 절차가 마련되어

[그림 2] 조선 민화 〈까치호랑이〉

자료: 1811년 이의양(李義養)이 그린 '산군
포효(山君咆哮)'(간송미술관 소장)

야 한다. 이것이 통일로 가는 길이
다. '친북'과 '종북'이 없으면 북한에
서도 '친남'과 '종남'이 생겨나지 못한
다. '친북'과 '친남'은 통일을 위한 남
북한의 사상과 사회의 접합점을 만
든다. '친북'과 '종북'을 외면하고 억
압하면 '멸공통일'의 전쟁 시대로 돌
아갈 위험이 크다. '친북' 없이 '반북'
으로만 통일이 가능하겠는가.

조선 500년 동안 한국 사람들은
평화를 사랑한다는 마음으로 사나운
호랑이를 '까치호랑이'로 만들고 세
상을 안일하게 생각했다. 안일하고
평화로운 까치호랑이와 같은 조선은
시대의 흐름을 제대로 알지 못했다. '친북·종북몰이' 논쟁은 매카시즘
(McCarthyism)의 이분법으로 사회를 정체시키고 경직시킨다. 이것은 새로
운 것을 만들어내지 못하고 남을 따라 하는 한국 사람들의 특성과 같으며
안일한 '싹쓸이문화'의 특징이다. 한반도의 주요 모순은 국토 분단이고,
이데올로기의 모순은 시대에 따라 변하는 부차적 모순이다. 일시적이고
부차적인 이데올로기의 모순에 집착하면 영원해야 할 국토 통일이라는
주요 모순을 잃게 된다. 싹쓸이문화는 사회의 사소하고 부차적인 모순에
는 집착하고 진정으로 해야 할 주요 모순을 보지 못하게 한다. 단지 선거
에 이기기 위해서 얄팍한 포퓰리즘을 이용하는 것과 같다. 선거 때가 되
면 '북풍', '친북·종북몰이'가 몰아치고 남북 관계를 더욱 멀게 만든다. 정

치꾼들이 진정으로 통일을 원하는지 알 수 없다. 이러한 통일 정책은 오히려 분단을 고정화하고 정권 유지의 수단으로 쓰일 뿐이다.

독일의 사례를 더 살펴보면 통일 이후의 사회 통합에서 서독 정부는 동독이 국유화시킨 개인의 토지와 재산을 원소유자에게 보상하고 동독 시절의 정치적 범죄자들을 처벌했다. 이렇게 할 수 있던 것은 1937년 헌법이 살아 있고 그 기록이 남아 있었기 때문이다. 그러나 한반도는 그러한 정책을 실시할 어떤 기준이나 기록도 가지고 있지 않아서 문제이다.

18

할슈타인 독트린과 정통성 경쟁

제2차 세계대전이 끝나자마자 동유럽에서는 공산주의 국가들이 수립되기 시작했는데 1947년에는 그리스까지도 공산화될 위험이 있었다. 그리스 방위를 맡고 있던 영국은 재정 악화로 수에즈 운하 동쪽의 방위를 책임지지 못한다고 선언했다. 이에 대응하여 미국은 1947년 3월에 트루먼 독트린을 발표하여 그리스에 군사 지원을 하겠다고 선언했고, 소련은 1947년 10월에 코민포름을 설치하여 공산국가들을 통제하고 영향력을 행사했다.

이 무렵 유럽 정치·사회의 이데올로기 냉전 체제는 차츰 군사 대립의 냉전 체제로 바뀌고 있었다. 서독이 1949년 5월 23일에, 동독이 1949년 10월 9일에 수립되어 독일은 2개의 정부로 분리되었다. 1949년 4월 4일에는 북대서양조약기구(NATO: North Atlantic Treaty Organization)가 설립되었고, 1955년 5월 11일에는 공산국가들의 군사 조직인 바르샤바조약기구가 설립되었다.

소련은 1954년 3월 23일 동독을 독립국으로 인정하고 외교 관계를 맺었다. 소련은 서독에 소련에 있는 2만 명의 서독 출신 전쟁 포로들을 데려가라고 통보했다. 포로를 송환하려면 서독은 소련과 외교 관계를 맺어야 했다. 서독 수상 콘라트 아데나워(Konrad Adenauer)는 외무차관 발터 할슈타인(Walter Hallstein) 등과 함께 모스크바를 방문해 1955년 9월 13일 소련과 외교 관계를 맺고 전쟁 포로들을 송환했다. 소련은 동독과 서독 모두와 외교 관계를 각각 맺음으로써 독일에 2개 정부가 있다고 선전했다.

아데나워 수상은 1955년 9월 22일 독일연방의회에서 제3국이 동독과 외교 관계를 맺는 것은 서독에 비우호적인 행위로서 서독은 그 국가와 외교 관계를 끊는다고 선언했다. 이미 맺은 소련과의 외교 관계는 더 이상 발전시키지 않고 동결한다고 했다. 이 정책은 정책을 만들었다고 알려진 할슈타인의 이름을 따라서 할슈타인 독트린(Hallstein Doctrine)이라고 일컫는다(그러나 실제로 정책을 만든 사람은 외무성 국장이었던 빌헬름 그레베(Wilhelm Grewe)였다). 할슈타인 독트린으로 서독은 동유럽 공산국가들과의 관계가 막혀서 이들과 전쟁배상, 평화협정 등 전후 문제를 처리하지 못하고 정지되었으며, 동독도 자본주의 진영과 관계가 막혔다. 독일은 자본주의 서독과 공산주의 동독으로 완전히 갈라졌다.

서독은 1956년에 독일공산당(KPD: Kommunistische Partei Deutschlands)을 아무 이유 없이 금지했고, 공산당 간부들은 대부분 동독으로 이주했다. 독일공산당을 금지한 것은 극단주의 세력이 합법적인 범위 안에서 형식적으로 활동할지라도 국가는 예방적 조치를 취할 수 있다는 방어적 민주주의 논리였다. 그러다가 서독이 동방 정책(Ostpolitik)을 시작하면서 동독과 서독의 관계도 풀리기 시작했다. 공산당 간부들은 서독으로 돌아와서 1968년 이름을 바꾼 독일공산당(DKP: Deutsche Kommunistische Partei)

을 다시 만들었다. 그러나 독일공산당은 곧이어 시행된 연방의회 선거에서 한 자리도 얻지 못하고 힘이 약화되었다.

서독이 방어적 민주주의 논리로 독일공산당(KPD)을 금지한 것이나 이후에 독일공산당(DKP)을 다시 허용한 것은 법률적인 판단이 아니라 정치적인 결정이었다. 동독의 공산주의를 부정함으로써 독일의 정통성을 따르는 것은 서독이라고 주장한 것이다. 서독은 통일 정책으로 1민족 2국가(1 nation 2 states)를 주장했던 반면, 동독은 2개 국가가 떨어져 살았으니 서로 다른 민족이 되었다는 2개 민족론을 주장했다. 서독은 할슈타인 독트린을 통해서 동독을 고립시키려 했지만 목적을 이루지 못했다. 오히려 이에 저항하는 동독의 국제적 위상이 더 높아졌다는 반론도 있었다.

결국 서독이 동방 정책을 시작하면서 할슈타인 독트린은 폐지되었다. 이때부터 서독은 그동안 동결되었던 동유럽 공산국가들과의 전후 문제 처리에 나섰다. 미루었던 전쟁배상 등을 처리하면서 동유럽 국가들에 경제적 원조를 주었으며, 자연스럽게 경제적 곤경에 처한 동독을 고립시켰다. 이런 상황 때문에, 서독의 동방 정책이 경제적인 힘으로 추진되었으며 동독이 흡수통일되었다는 말이 잘못 퍼지게 되었다.

19

서독의 동방 정책은
드골로부터 시작되었다

미국, 소련, 영국 3대 강국이 새로운 세계 질서를 결정했던 얄타회담에 참석하지 못한 프랑스는 이들이 지배하는 얄타체제에 불만을 가져왔다. 프랑스가 1950년 슈만 플랜(Schuman Plan)을 시작으로 유럽 지역 통합을 주도했던 것도 얄타체제의 양극 갈등에서 벗어나기 위해서였다.

1958년부터 1969년까지 프랑스 제5공화국의 대통령이었던 샤를 드골(Charles de Gaulle)은 세계 문제에서 프랑스가 소외된 것은 "유럽 사람들이 빠진 상태에서 앵글로색슨과 러시아 사람들이 유럽 문제를 결정했기 때문"이라고 비난하면서 지난날의 프랑스가 가졌던 위신과 영광을 되찾으려 했다. 기갑부대를 지휘했던 장군이고, 전술가였으며, 제2차 세계대전 중 런던에서 프랑스 임시정부를 이끌었던 드골은 프랑스가 국제적인 지위를 가지려면 강한 군사력이 있어야 한다고 주장했다. 프랑스의 지위를 되찾기 위해서 유럽경제공동체(EEC: European Economic Community)는 국가의 주권이 이양되는 초국가적인 통합체(United States of Europe)가 아니라 국가가 주권을 계속 가지는 국가들의 연합(Union of States)으로 만들어야 하며 이 연합체에서 프랑스가 주도적 우위를 가져야 한다고 했다. 또 자유주의 서유럽 문제는 미국과 영국이 결정하던 기존의 방식이 아니라 프랑스가 포함되는 3국지도체제(tripartite directorium)로 바꾸어야 한다고 주장했다. 한편 더 나아가서 프랑스가 주도하는 유럽국가연합체가 초강대국인 미국과 소련 사이에서 제3의 힘이 되겠다고 했다. 드골이 주장한 제3의 힘은 유럽에서 동서 냉전의 벽을 무너뜨리기 시작했다. 이것을 골리즘(Gaullism)이라고 한다.

그는 유럽 지역이 초국가주의 공동체로 통합되면 국가가 소멸하고, 따라서 프랑스의 영광도 없다고 생각했다. 특히 지난날에 독일과 군사 충돌이 자주 있었던 프랑스가 유럽에서 우위를 가지려면 독일을 프랑스의 통제에 두어야 했다. 유럽경제공동체의 5개 회원국들(이탈리아, 서독, 벨기에, 네덜란드, 룩셈부르크)은 영국을 가입시켜서 프랑스에 대응하여 균형을 이루려고 했다. 그러나 영국은 프랑스의 거부권으로 가입하지 못했다. 영국은 드골이 죽고 나서 유럽경제공동체에 가입했다.

프랑스가 미국, 영국과 함께 서유럽에서 3국지도체제를 이루려면 미국이 주도하는 북대서양조약기구의 군사 통합과 독립적인 프랑스의 군사력(force de frappe)이 필요했다. 1958년 프랑스가 북대서양조약기구에 미국, 프랑스, 영국으로 구성되는 이사회를 만들자고 제안했으나 미국은 이를 거부했다. 1960년 2월에 프랑스는 프랑스령 사하라에서 첫 번째 원자탄 실험에 성공했다. 이것은 미국, 소련, 영국이 독점하고 있는 핵강대국에 포함되기 위한 목적이었다.

이에 대해서 미국과 영국은 프랑스의 독자적인 행동을 견제하기 위해 1962년 12월에 바하마의 나소(Nassau)에서 협정을 맺었다. 나소협정에서 미국은 영국 함대에 미국의 폴라리스 핵미사일을 무장시킨 뒤 북대서양 조약기구의 함대에 편입시켜서 연합함대(MLF: Multilateral Forces)를 구성 하겠다며, 프랑스에도 영국과 똑같은 조건으로 폴라리스 미사일을 제공 한다고 합의했다. 이렇게 함으로써 대서양을 사이에 두고 미국과 유럽공 동체가 핵무기를 나누어 가지는 대서양 동반자 관계(Atlantic Partnership)를 만들자고 했다. 미국과 서유럽이 협력하면 각자 행동하는 것보다 엄청난 지도력과 영향력을 가지게 된다고 강조했다. 이에 대해 프랑스는 영국이 미국을 위한 세일즈맨이며 '트로이의 목마'라고 비난했다. 이것이 프랑스 가 영국의 유럽경제공동체 가입을 거부한 이유이다.

미국과 영국의 압력에 대응해서 프랑스는 1964년 공산 중국을 국가로 승인하고 동남아시아의 중립화를 주장했다. 서유럽의 3국지도체제 주장 이 뜻대로 이루어지지 않았기 때문에 이번에는 미국, 소련, 영국에 프랑스 와 중국을 더한 5대 강국이 세계 문제를 논의하자는 것이었다. 1964년에 핵실험에 성공한 중국과 함께 미국과 소련의 핵무기 독점에 공동 대응하 고, 동남아시아를 중립화시켜서 미국의 영향력을 약화하는 것이 목적이 었다. 그러나 미국은 동남아시아 중립화를 거부했고, 오히려 베트남 전쟁 이 통킹 만 사건을 계기로 북베트남까지 확대되었다.

미국의 이러한 반응에 대하여 프랑스는 북대서양동맹기구의 통합군사 령부에서 탈퇴했으며, 파리에 있던 북대서양조약기구의 본부를 브뤼셀로 옮겼다. 그러나 프랑스는 동서 냉전 구조에서 완전히 벗어날 수 없었고, 서유럽의 군사동맹 체제에서 고립되는 것을 피하기 위해서 북대서양조약 기구의 정치 협력 부분에서는 탈퇴하지 않았다. 프랑스가 북대서양조약 기구의 통합군사령부에서 탈퇴한 것은 독자적으로 핵무장을 하고 군비를 강화하기 위해서였다. 또 다른 이유는 동서 냉전 구조의 변화였다. 1962년 쿠바 미사일 사건이 있고 나서 동서 냉전의 긴장이 완화되었고, 이에 프랑스는 소련이 서유럽을 공격할 위험은 없다고 생각했다.

1965년 겨울에는 프랑스 외무장관이 소련 모스크바를 방문했고, 이후 1966년에 프랑스가 통합군사령부에서 탈퇴했다. 1966년 6월에는 드골 대통령이 모스크바를 방문했고, 이어서 프랑스 외무장관이 동유럽 국가들을 방문했다. 지금까지 미국과 소련 이외에는 냉전의 장벽을 넘을 수가 없었던 세계 세력 구조에서 프랑스가 그 장벽을 넘었다는 것은 커다란 변화였다. 드골 대통령은 '대서양에서 우랄산맥까지(From Atlantic to Ural)'라는 말로 대표되는 '거대한 구상(Grand Design)'을 실현하려고 했다. 거대한 구상이란, 서쪽의 자본주의 진영과 동쪽의 공산주의 진영이 대립 관계를 버리고 대서양에서 우랄산맥까지의 유럽 대륙을 다시 통합하여 유럽 문제를 유럽 사람들끼리 결정하자는 것이었다.

초강대국인 미국과 소련 사이에서 제3의 힘으로 얄타체제를 무너뜨리고 프랑스가 유럽 대륙의 대변자 역할을 하려고 한 것이다. 영국은 앵글로색슨 민족으로 미국의 연장이라고 생각했기 때문에 유럽에서 제외되었으며, 영국이 유럽에 포함되는지는 영국 스스로 미국과의 관계를 끊고 유럽 대륙에 가까워지느냐에 달려 있었다. 또한 '대서양에서 우랄산맥까지'라는 말에는 유럽 대륙과 유럽 문제를 결정할 때 소련의 적극적인 참가는 바라지 않지만 소련의 협조가 필요하다는 뜻이 담겨 있었다.

프랑스는 동유럽 공산국가들과의 교류도 강화했다. 동유럽 진영에 접근하여 냉전의 이데올로기 장벽을 무너뜨리려는 동방 정책(Opening to the East)이었다. 프랑스의 동방 정책에 맞추어 소련도 서방 정책(Western Policy)을 시행하고, 동서 냉전의 선을 넘어서 서유럽 문제에 개입하기 시작했다. 소련의 브레즈네프 수상은 1966년 미국을 제외한 유럽 국가들끼리

만 유럽안전보장회의를 열자고 제안했다. 소련이 1966년에 제안한 유럽안전보장회의는 1975년 헬싱키에서 개최된 유럽안보협력회의(CSCE: Conference on Security and Cooperation in Europe)에 연결되었다. 이 제안을 통해 소련은 유럽에서 미국의 영향력을 약화하고 자국의 영향력은 강화하게 될 것을 기대했다. 한편 프랑스는 동유럽뿐만 아니라, 아프리카, 중동, 남아메리카까지 영향력을 확대하여 이 지역에 대한 미국과 소련의 영향력을 압박하려 했다.

드골의 반얄타체제 정책과 거대한 구상에 의한 동쪽으로의 개방 정책은 결과적으로 두 진영 사이에 있던 긴장을 완화했고 상호 교류가 가능하게 만들었다. 이러한 세계 정치의 변화에 따라서 1969년 서독의 빌리 브란트(Willy Brandt) 수상은 동독과 서독 통일을 위한 동방 정책을 발표한 것이다.

독일의 통일은 서독의 동방 정책에서 시작되었다고 한다. 그러나 당시 서독은 패전국이었기 때문에 스스로 동방 정책을 추진할 능력이 없었다. 서독이 제2차 세계대전 이후 생겨난 거대한 세력 구조를 바꿀 수는 없었다. 드골이 추진한 유럽경제공동체와 소련을 포함한 동유럽 공산국가들에 접근하는 동방 정책의 뒤를 따라간 것이 브란트의 동방 정책이다. 브란트의 동방 정책은 드골의 동방 정책과 유럽 통합의 틀 안에서 이루어진 것이다.

다시 한반도의 상황을 돌아보자. 1993~1994년 미국과 북한의 제1차 핵위기 때에 미국은 핵협상에서 일괄 타결 방식을 결정했다. 1993년 11월 김영삼 대통령이 워싱턴을 방문하기에 앞서 온건한 입장을 가진 외무장관이 미리 미국과 일괄 타결 방식에 합의했고 북한도 이에 동의했다고 한다. 그러나 북한의 김일성에 대한 남한 강경파들의 압력에 굴복하여 김영삼 대통령은 "책상을 내려치면서(table pounding)" 실무진에서 이미 합의한 일괄 타결 방식을 "쓸어버렸다(brushed)"고 한다. 이에 따라 클린턴 대통령은 보좌진들의 만류에도 불구하고 북한과의 타협 대신 북한의 항복을 원하는 강경한 입장으로 바뀌었다. 이 같은 내용은 『셀리그 해리슨의 코리안 엔드게임(Korean endgame)』(2003: 332~335)에 있는 것으로 원본에는 "책상을 내려쳤다"는 표현이 있으나 번역본에는 이 내용이 없다.

역사적인 사건은 한 사람의 말만으로는 정확하게 알 수 없다. 시간이 지나면 알려지지 않은 새로운 사실이 나온다. 만약 일괄 타결 방식이 합의되었다고 하더라도 그 결과는 알 수 없다. 그러나 1993년으로부터 20년이 지난 지금까지도 핵문제가 해결되지 않았고 한반도는 전쟁 위험에 놓여 있다. 역사에서 기회는 자주 오지 않기에 1993년의 일괄 타결 방식 합의가 아쉽다. 조선시대에 500년 동안 성리학 명분에 맞으면 받아들이고 맞지 않으면 실리를 버렸던 것처럼, 반공산주의라는 명분 때문에 일괄 타결이라는 평화적인 실리를 버렸다. 이 또한 한국의 싹쓸이문화이다.

약소국은 세계정세를 변화시키지 못한다. 약소국은 강대국들이 만들어내는 세력 구조가 변화하는 시기에 맞추어 그 물결을 타야 한다. 약소국은 이러한 기회를 이용해서 강대국이 문을 열면 그 뒤를 따라 들어가 자기 방향을 찾아야 한다. 브란트의 동방 정책은 드골의 동방 정책 뒤를 따라간 것이다. 우리도 미국이 일괄 타결로 북한의 문을 열면 미국을 앞세우고 가야만 했다. 남한은 일괄 타결 방식을 거부해서 미국과의 교류 가능성과 북한 개혁·개방의 길을 사실상 차단해버렸다. 당장 이기는 것만 생각하고, 지는 것이 이기는 것이라는 긴 안목이 부족했다.

20

바루크 플랜, 라파츠키 플랜

사회질서를 유지하는 힘은 원시종교에서와 마찬가지로 강제(totem)와 금지(taboo)이다. 강제와 금지를 기본으로 하는 사회의 규칙이나 규범, 법률 등은 강한 자가 만들고 약한 자에게 따르라고 한다. 국제사회에서도 마찬가지이다. 강대국들이 국제법이나 국제 규범을 만들고 약소국에 따르라고 한다. 이에 따르려 하지 않는 약소국들은 국제분쟁을 일으키고, 때에 따라서는 국제 규범을 바꾸거나 세계 정치에 힘의 변화를 가져온다.

미국은 제2차 세계대전의 막바지인 1945년 7월에 핵실험에 성공하고 같은 해 8월 6일과 9일, 각각 일본 히로시마와 나가사키에 핵을 폭격하여 일본의 항복을 받아냈다. 미국이 원자탄을 사용한 것은 미국 군인들의 인명 피해를 줄이고 전쟁을 빨리 끝내려는 것이 목적이었다고 하지만, 실제로는 뒤늦게 동북아시아 지역 전쟁에 참가한 소련이 만주 지역을 통해 급속히 내려오는 것을 막으려는 의도였다고 한다. 미국이 일본에 원자탄을 사용한 뒷면에는 소련과의 냉전 기운이 싹트고 있었다.

핵무기의 위험성을 직접 경험한 미국은 1946년 9월 국제연합 주재 미국 대표였던 버나드 바루크(Bernard Baruch)의 총회 연설을 통해서 모든 국가는 핵무기 제조를 위한 과학 정보를 교환하며, 핵무기는 평화를 위한 목적으로만 쓰고, 파괴하려는 목적의 핵무기는 감축하여 국제 감시에 두자고 제안했다. 이것을 바루크 플랜(Baruch Plan)이라 부르는데, 핵무기를 독점하고 있는 미국이 국제적 우위를 유지하려는 의도가 담겨 있었다.

그러나 원자탄 개발을 앞두고 있는 소련이 이를 거부하면서 제2차 세계대전 이후의 동서 냉전 체제가 시작되었다. 소련은 1949년 9월에 원자탄을 보유하게 되었으며 1953년에는 수소탄까지 성공했다. 1946년 미국 바루크 플랜의 영향은 1990년 소련 공산주의가 무너지기까지 50년 동안 이어졌다. 그동안 세계는 이데올로기의 분쟁과 군사 분쟁을 일으키는 냉전 체제로 소용돌이 속에 있었다.

미국과 함께 독자적인 핵 억지력을 가지게 된 소련은 1957년 10월 2일 폴란드 외무상 애덤 라파츠키(Adam Rapacki)의 국제연합 총회 연설을 통해서 폴란드, 서독, 동독 등 중부 유럽 지역을 비무장·비핵지대로 만들자고 제안했다. 이를 라파츠키 플랜(Rapacki Plan)이라 하는데, 이 지대에 핵무기와 이를 제조할 수 있는 물자의 반입을 금지하며 지역 국가들의 핵무기 사용을 금지하도록 하자는 내용이다. 이 비핵지대에 체코슬로바키아가 추가되었다. 바르샤바조약 국가들 사이에서는 이미 합의가 되었지만 북대서양조약기구 회원국들은 이를 거부해 계획은 성사되지 못했다.

비록 라파츠키 플랜이 유럽에서 합의에 이르지 못하고 실패했지만, 소련은 북대서양조약기구 회원국, 바르샤바조약 회원국, 제3세계, 비동맹국 등을 대상으로 하는 군비축소와 비핵화 정책을 통해 라파츠키 플랜의 정신을 이었다.

[그림 3] 소련의 제3세계론(일국사회주의)

제1세계 소련을 중심으로 하는 사회주의 진영	제3세계 77그룹을 중심으로 하는 아시아, 아프리카, 라틴아메리카 그룹들	제2세계 미국을 중심으로 하는 자본주의 진영

소련의 일국사회주의에 따르면 중국은 국제 사회주의 체제에서 소련에 종속되는 하부구조에 속했다. 그러나 1956년 흐루쇼프 소련 공산당 서기장이 스탈린을 비판하면서 일국사회주의 체제에 변화가 생겼다. 소련과 중국의 공산권에서 주도권 경쟁은 더욱 심해졌다. 중국은 소련의 헤게모니에 저항했으며, 이것은 중소 이데올로기 분쟁, 국경분쟁과 군사 충돌, 심지어는 군사적인 침입 위험으로까지 발전했다. 중국은 대약진운동으로 전국에 인민공사를 조직하여 소련의 군사 침공에 대응하려 했다. 중국이 1964년 원자탄 실험에 성공하자 라파츠키 플랜을 표방하는 소련의 압력은 더욱 심해졌다. 소련은 1969년에 브레즈네프 독트린을 앞세워서 중국에 무력 침공하겠다고 위협했다. 이에 대응해서 중국은 문화혁명을 통해 대중운동을 펼쳐서 소련군이 침입할 경우에 게릴라 전법을 사용할 수 있도록 준비했다.

한편 미국은 소련과 중국의 무력 충돌을 막기 위해 1969년 닉슨 독트린을 발표하며 조정에 나섰다. 닉슨 독트린이 발표되고 1972년 리처드 닉슨(Richard Nixon) 대통령이 중국을 방문하여 상하이 공동성명을 발표한 뒤에야 중국은 소련의 무력침공 위협에서 벗어날 수 있었다. 중국은 국제연

〔그림 4〕 중국의 제3세계론

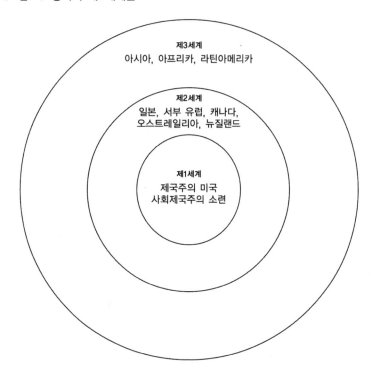

제3세계
아시아, 아프리카, 라틴아메리카

제2세계
일본, 서부 유럽, 캐나다,
오스트레일리아, 뉴질랜드

제1세계
제국주의 미국
사회제국주의 소련

합에서 타이완이 가지고 있던 대표권을 이어받으며 국제 무대에 공식적
으로 등장했다.

1974년 4월 국제연합 자원 개발 특별 총회에서 덩샤오핑은 제3세계론
을 발표했다. 체코슬로바키아를 침공한 뒤에 중국도 침공하겠다는 소련
의 위협에 대응한 행동이다. 소련이 체코슬로바키아를 침공함으로써 사
회제국주의가 되었으므로 제국주의 미국과 사회제국주의 소련을 합하여
제1세계라 하고, 소련의 제3세계론에서 제2세계(중간지대)라고 했던 서유
럽 등 강대국을 제2세계라 하며, 제1중간지대였던 식민지 경험이 있는 피

압박 지역 국가들을 제3세계라고 했다. 소련은 이데올로기의 모순으로 제3세계를 구분했고, 중국은 억압과 피억압의 민족 모순으로 구분했다. 중국은 소련을 사회제국주의라고 하여 제1세계에 포함시켜서 국제적인 투쟁의 대상으로 만들었다.

식민지 경험이 있는 중국은 자신이 제3세계에 속한다고 주장하면서 제3세계 운동을 주도하려고 했다. 중국의 제3세계론에서 주요 모순은 제1세계와 제3세계의 적대 관계이다. 제2세계는 초강대국인 제1세계와 대립할 때에 제3세계와 연합이 가능한 세력이며, 제3세계는 제1세계와 대립하는 중심 세력이다. 중국의 제3세계론은 농촌으로 도시를 포위하여 고립시킨다는 마오쩌둥의 게릴라 전법과 같다.

중국은 1974년의 제3세계론으로 세계 정치에서 활동 무대를 넓히고 제3세계와 단결하여 제1세계에 대항하기 위해서 1970년대에는 미국과 소련의 전 세계적인 헤게모니에 반대하는 반패권주의를 주장했다. 1990년에 공산주의 소련이 붕괴되어 이데올로기 모순에 근거한 소련의 제3세계론은 없어졌다. 그 대신 가진 자와 못 가진 자의 대립, 즉 제1세계와 제3세계의 대립으로 변했다.

소련은 1950~1960년대에 바루크 플랜의 압력에서 벗어나려고 냉전을 겪으면서 이를 극복하고 강대국으로 성장했다. 중국도 1950~1970년대 소련의 라파츠키 플랜이 가져온 무력 침공의 위협을 1950년대 대약진운동으로, 1960년대에는 문화혁명으로 이겨내고 강대국이 되었다. 제2차 세계대전 이후 핵무기 개발은 헤게모니 경쟁을 위한 강대국의 수단이 되었다. 1945년 미국, 1949년 소련, 1952년 영국, 1960년 프랑스, 1964년에는 중국이 핵무기 개발에 성공했다.

1970년대 이후에는 과학기술이 평준화되면서 제3세계 국가들이 핵무기 개발에 나섰다. 이들은 핵무기를 생존의 수단으로 생각했다. 이스라엘은 핵무기를 가지고 있는 것으로 알려진다. 이스라엘은 핵실험도 없었으므로 가지고 있는 것을 시인도 부인도 하지 않는다. 이웃하고 있는 이슬람 국가들과의 갈등 관계 때문에 유럽 강대국들은 이스라엘의 핵무기를 묵인하고 있다. 인도는 1962년 중국과의 국경 전쟁에서 패한 이후 1974년에 핵실험에 성공했지만 핵무기 생산을 자제해왔다. 그러나 강대해지는 중국에 대응하기 위해서 1998년 핵무기를 개발했다. 이에는 미국의 음성적인 도움이 있었다고 한다. 파키스탄은 인도와의 카슈미르 분쟁과 소련의 아프가니스탄 침공으로 핵무기 필요성을 느끼고 1998년에 핵무기 개발에 성공했다. 여기에는 인도와의 관계에서 파키스탄을 이용한 균형을 생각한 중국의 도움이 있었다고 한다. 남아프리카공화국은 미국 정부와 이스라엘의 지원으로 6개의 핵무기를 만들었으나 1993년에 폐기했다고 한다. 처음에 핵무기를 만든 이유는 1976년 앙골라에 공산 정권이 들어선 이후 아프리카에서 공산주의 위협에 대응하기 위해서라고 했다. 그러나 아프리카 대륙의 남쪽 끝에 있는 남아프리카공화국이 소총이나 대포, 심지어는 죽창으로 무장한 아프리카 흑인 국가들을 상대해서 핵무기를 사용한다는 것은 이해되지 않는다. 1993년에 흑인 해방 운동가 넬슨 만델라(Nelson Mandela)와 함께 노벨 평화상을 공동수상했던 당시의 대통령인 F. W. 데 클레르크(F. W. de Klerk)가 핵무기를 폐기했다는 것은 1994년 5월에 취임하는 흑인 대통령 만델라 정부에는 넘겨주지 않겠다는 뜻이라고 생각한다. 이란은 2011년 이후 핵실험 정황이 여러 번 있었으나 이슬람문화권의 핵무장을 두려워하는 이스라엘과 유럽 국가들의 방해로 성공하지 못하고 있다.

과학기술은 시간이 지나면 평준화되고 보편화한다. 1945년에 개발된

핵기술도 70년이 지난 지금에 와서는 제3세계 국가들에까지 전파되어서 강대국들이 이것을 지키고 독점하기는 힘들다. 그렇다고 제3세계에서 핵무기가 개발되는 것을 지켜볼 수도 없다. 강대국의 헤게모니가 무너지고, 폭력을 앞세우는 다수의 횡포가 지배하는 세계 질서로 바뀌기 때문이다. 그러나 강대국들은 자기의 이익에 따라 약소국의 핵무장을 지원하기도 하고 억제하기도 했다.

21

북한의 주체 외교와 북한핵

북한의 대외 정책은 1950년대에 들어서며 큰 변화를 맞이하게 되었다. 제2차 세계대전이 끝나고 생겨난 양극체제는 1955년의 반둥회의에서 시작되는 제3세계에 의하여 도전을 받았고, 자본주의 체제와 공산주의 체제가 함께 어려움을 겪게 되었다. 미국을 중심으로 하는 자본주의 체제에서는 인도, 인도네시아, 이집트 등이 제3세계 운동에 참가했으며, 소련을 중심으로 하는 공산주의 체제에서는 중국, 유고슬라비아 등이 참가했다.

1956년에 소련의 흐루쇼프 공산당 서기장은 획일적인 스탈린식 공산주의를 비판하고 공산주의를 다양화하려고 했다. 이로 인해 공산주의 체제에서 소련과 중국 사이에 이데올로기 논쟁과 공산주의 종주권 경쟁이 시작되었다. 그때까지 소련 측에 기울고 있던 북한은 소련과 중국의 헤게모니 경쟁에서 양다리 외교를 통해 이익을 얻으며 살아남으려 했다. 이 과정에서 북한의 주체사상이 생겨났으며, 1970년대에 주체사상의 이론적 토대가 완성되었다.

세계 역사를 돌아보면 철학이나 사상은 그 시대의 주변 상황을 배경으로 생겨났다. 자본주의 체제에서 제3세계 운동을 주도했던 사상은 실존주의였다. 1950년대의 실존주의 철학은 자기의 존재를 확인하고 지키기 위해서 억압하는 주변 환경에 저항하고 자기의 앞길을 스스로 선택하려는 것이다. 실존주의는 저항과 선택이다. 양극체제에서 실존주의 철학을 바탕으로 초강대국들의 억압에 저항하며 약소국들끼리 단결하여 자본주의 체제도 공산주의 체제도 아닌 길을 선택하려는 것이 당시의 제3세계 운동이었다.

북한의 주체사상도 실존주의 철학과 같은 시대 배경을 가지고 있다. 공산주의 체제에서 소련과 중국의 억압에 저항하여 자기의 이익을 스스로 선택하려는 것이다. 실제로 북한은 1980년대에 아프리카, 동남아시아 등에 주체사상 연구소를 개설해 주체사상을 전파하여 제3세계 운동을 주도하려고 노력하기도 했다. 주체 외교를 통해서 북한은 소련과 중국에 존재를 인식시키면서 인정받았다.

1980년대에 들어서 북한은 또다시 소련과 중국 사이에서 어려움을 겪게 되었다. 소련은 페레스트로이카를 통해 공산주의 사회를 개혁하기 위해서 이데올로기와 사회·정치제도를 먼저 변화시키려 했으므로 물자가 부족하여 사회 혼란을 가져왔다. 반면 중국은 연안 지역 개방과 사회주의 초급 단계론을 통하여 국민 생활의 질을 높이려고 했다. 북한은 소련식 개혁보다는 중국식 개혁을 선택했다. 중국식 개혁은 과거를 온전히 보전하면서 점진적으로 변화시키기 때문에 국민의 생활수준을 높임과 동시에 과거의 통치 체제를 유지할 수 있기 때문이다. 김일성 주석은 1992년 신년사에서 "머지않아 국민들에게 쌀밥에 고깃국 먹고, 비단옷 입고, 기와집에 살게 해주겠다"라고 약속했다. 이것은 중국식 개혁에 따른다는 증거이기도 하다. 유교의 사회 발전론에 따르면 쌀밥에 고깃국 등 먹을 것이 해결되는 온포 사회가 지나면 비단옷과 기와집 등 주거 환경이 해결되는 소강 사회에 이르게 되고, 이것이 지나면 복지사회가 이루어지는 대동 사회가 된다. 북한의 김정은 주석은 2015년 신년사에서 "인민의 먹는 문제를 해결하고 식생활 수준을 한 단계 높여야 한다"고 했다. 북한은 아직 식생활 문제가 해결되는 온포 사회를 벗어나지 못하고 있다는 것을 인정한 것이다.

북한은 중국식의 개혁·개방 정책을 따라서 1983년 2월 국제연합개발계획(UNDP: United Nations Development Programme)에 개발 기금 1800만 달러를 신청하여 승인을 받았으며, 1984년 9월에는 '합영법'을 제정·공포하여 외국과의 합작회사 설립을 가능하게 했다. 그러나 북한의 경기 침체, 미약한 외채 상환 능력, 좁은 시장 등 때문에 합영법은 외국 기업의 관심을 끌지 못했으며, 북한이 정치적으로 합작 사업을 불신했기 때문에 성과를 거두지 못했다. 그러다 1980년대 중반에 들어서 소련은 페레스트로이카로 사회 혼란이 계속되고, 중국은 개혁·개방으로 1989년에 천안문 사태가 생기는 등 좋지 못한 영향이 있을 것으로 생각하고 북한은 개방 정책을 중단했다.

1991년 소련 공산주의가 무너지면서 1992년에는 북한, 중국, 러시아가 두만강 특구를 공동으로 개발하기로 하고, 러시아는 블라디보스토크와 나홋카 항구 등을, 중국은 훈춘 등을, 북한은 나진과 선봉, 청진 등을 개방하기로 했다. 그러나 북한의 나진·선봉 개방 특구 정책은 러시아·중국과의 경쟁에서 밀렸을 뿐만 아니라 1994년 북한 핵문제로 미국과 전쟁이 일어날지도 모르는 위험한 상황이 되어 정치적인 분위기가 나빠졌고, 김일성이 급작스럽게 사망했기 때문에 실패했다.

북한은 2002년 9월 중국의 단동과 압록강을 앞에 두고 있는 신의주를 개방하여 신의주 특별행정구로 삼았다. 중국이 1국가 2제도 통일 정책으로 영국으로부터 반환되는 홍콩을 홍콩 특별행정구로 지위를 바꾸어 자본주의 제도를 허용했던 것을 본뜬 것이다. 신의주 특별행정구의 행정장관에는 네덜란드 국적을 가진 화교 양빈(楊斌)을 임명했다. 북한은 신의주 개방을 통해 한국 자본뿐만 아니라 화교 자본, 일본 자본 등을 받아들이려고 했다. 그러나 신의주 개방 때문에 만주 지역으로 가야 할 한국과 일본, 화교의 자본을 잃게 될 것이 두려웠던 중국은 2003년 7월 양빈을 체포하여 징역 18년형을 내렸다. 이로써 북한의 신의주 개방은 출발도 못 하고 싹이 잘리고 말았다.

북한은 2002년 7월에 배급 제도의 변화, 물가 인상과 급여 인상, 시장 활성화 등의 내용을 담은 '7·1조치'를 발표하여 시장경제 제도를 도입했다. 그러나 시장에 나오는 상품을 만들어내는 산업이 부족하여 상품생산이 되지 않았기 때문에 물가만 오르고 시장경제는 움직이지 못했다. 장마당(시장)에는 보따리 상인들이 가져온 중국 상품들이 넘쳐나서 북한 경제가 중국 경제에 예속되기 시작했다. 덩샤오핑이 중국을 개혁·개방하면서 제도 개선보다는 물자 공급이 우선되어야 한다고 했던 말의 교훈을 실제로 보여주는 예이기도 하다.

북한이 2003년부터 개성공단을 개방하여 남한 기업을 받아들이고는 있지만, 6자회담이 제자리걸음을 하는 등 북한의 핵문제는 점점 어려움을 겪는 상황이다. 따라서 남한 기업의 개성공단 진출뿐만 아니라 남북한 사이의 경제협력도 뜻대로 이루어지지 않고 있다. 시장경제를 도입하고 국제사회에 나오려는 북한의 노력은 북한 사회의 경직성과 국제 상황 때문에 뜻을 이루지 못하고 있다.

북한은 2012년에 '6·28조치'를 발표했다. 이 조치를 통해 농업 부문에서 생산물을 농민과 국가가 7대 3으로 분배하고 수확의 70%를 농민이 자유롭게 시장에서 처분할 수 있게 했다. 또한 기업에서도 수익의 70%를 자유롭게 처분하도록 허용했다. 이러한 개혁·개방에 따라 주민 생활의 50% 이상은 시장에 의존하고 있다고 한다. 1980년대 중국의 개혁·개방을 따라가고 있는 것이다. 따라서 북한은 더 이상 프롤레타리아트 일당독재를 주장하는 레닌·스탈린식의 공산주의 사회가 아니다.

북한은 1950년대에 소련과 중국이 공산권의 헤게모니 경쟁을 할 때에 주체 외교를 펼쳤던 것처럼 지금은 세계화 시대의 헤게모니 국가인 미국과 중국을 상대로 주체 외교를 펼쳐서 국가이익을 챙기고 국제사회에 나가려고 한다. 북한은 중국에 존재를 인정받고 많은 혜택을 받고 있으나 또 다른 헤게모니 국가인 미국에는 인정받지 못하고 있다. 북한은 미국에 접근하는 수단으로 핵무기 개발을 이용한다. 북한의 입장에서는 핵무기확산금지조약(NPT: Nuclear nonproliferation treaty) 체제를 주도하고 있는 미국을 선택하여 인정받고 경제적 도움을 받는 것이 좋다. 이러한 주체사상은 자신을 지키는 선택의 자유를 위해서 이를 억압하는 주변 환경에 저항하는 실존주의 철학과 비슷하다.

중국은 미국에 접근하는 북한의 양다리 외교로 북한이 중국을 멀리하지 않을까 두려워한다. 실제로 북한은 1990년대 초 제1차 핵위기 때에는 중국의 핵우산에서 벗어나고 간섭을 받지 않기 위해서 병력의 40%를 중국과의 접경 지역에 이동 배치하는 등 중국과 불편한 관계에 있기도 했다. 중국으로서도 북한이 핵무기를 가진다는 상황은 받아들이기 힘들다. 중국의 변방에 핵무기를 가진 국가가 생기는 것은 역사를 돌아보더라도 종주국인 중국에 대항할 가능성이 있기 때문이고, 만일 한반도에서 군사

분쟁이 생기면 중국의 경제개발이 중단될 수도 있기 때문이다. 중국은 북한을 압박하는 수단으로 북한과의 접경 지역에 15만 명의 군대를 배치하고 정기적인 군사훈련을 실시하는 한편, 접경 지역에 도로를 건설하는 등 한반도 유사시에 개입할 계획을 세웠다.

정리하면, 북한은 1990년대 초에 핵무기를 수단으로 세계화 시대의 헤게모니 국가인 미국에 접근하려고 했다. 북한은 또 다른 헤게모니 국가인 중국에 대해서는 불편한 관계를 보이면서 '가상의 적'으로까지 생각했다. 중국과 미국 사이에서 북한은 주체사상과 주체외교를 이용하여 독자성을 강조하면서 독자적인 역사를 쓰려고 했다. 북한은 1993년에 평양 강동군에 있는 단군릉을 발굴하고 1994년에 이를 복원하여 평양을 중심으로 하는 고조선 역사를 강조했다. 고조선의 영토는 요동 반도와 만주(동북3성)의 일부를 포함한다. 그리고 1997년에는 김일성의 출생연도를 기준으로 한 연도표기법인 '주체' 연호를 만들어 사용하기 시작하고, 고조선 역사 등을 평양을 중심으로 하는 '대동강 문화'라고 부르고 있다.

중국은 이에 대한 반응으로 동북공정을 통해 고구려는 중국의 변방 소수민족이 세운 국가라고 주장하면서 고구려 역사를 중국 역사에 편입시켰다. 고구려의 영토는 만주뿐만 아니라 북한의 평양까지도 포함된다. 또한 중국은 동북아시아 지역의 고대 역사를 연구하는 '중화문명탐원공정'을 2003년부터 시작했다. 이에 따르면 고조선의 단군신화는 중국 황제족의 곰토템신화에서 유래한다고 주장하고 고조선 역사를 중국 요동 지방의 요하문명에 포함시켰다. 이로써 북한뿐만 아니라 한반도 전체가 중국 역사에 흡수된다(우실하, 2007).

북한의 고조선 역사 주장과 중국의 고조선·고구려 역사 주장은 앞으로 한반도 역사에서뿐만 아니라 정치에서도 중요하게 작용할 것으로 생각된다. 북한은 한반도 역사의 뿌리를 잡았고, 중국은 뿌리와 허리를 잡았다. 핵문제로 북한은 미국뿐만 아니라 중국과도 불편한 관계에 있다. 북한 경제는 남한과의 경제 교류도 중단된 상태에서 빠른 속도로 중국 경제권에 빨려 들어가고 있다. 중국은 불편한 관계로 생긴 시간을 이용해서 한반도 양쪽이 자기에게 의지하게 만든다. 2004년에는 북한에 정치적 불안이 생기면 중국이 북한에 진출하여 북한을 접수하거나 합병한다는 이야기가 많이 돌기도 했다. 이는 임진왜란 때에 조선에 출병한 명나라가 한반도 북부를 중국의 요동 지방에 합병하려 했던 것과 같다. 한반도 북부는 중국의 역사적인 야심이다. 심지어 2013년 중국을 방문한 박근혜 대통령은 시진핑 국가주석에게 "중국이 북한을 동북4성으로 편입하려는 의도가 있는가"라고 묻기도 했다(≪동아일보≫, 2014.1.8).

북한은 핵무기를 주체 외교의 수단으로 쓰고 있지만, 사실 핵무기는 북한에는 최후의 방위와 안보 수단이고 생존 수단이기 때문에 포기하지 않으려 한다. 핵무기를 이용한 벼랑끝전술이다. 북한은 2012년에 개정된 헌법에 "불패의 정치사상강국, 핵보유국, 무적의 군사강국으로"를 추가하여 핵보유국임을 명확히 했다.

6자회담의 미국, 일본, 중국, 러시아 4개국 중에서 한반도 통일을 진정으로 바라는 국가는 하나도 없다. 모두 분단된 상태가 유지되기를 바라고, 6자회담을 통해 아시아·태평양 지역에서 자기의 이익을 지키는 것만 생각하고 있다. 남한이 진정으로 북한에 접근하고 통일에 가까이 가려면 6자회담의 틀에서 벗어나야 한다. 6자회담은 강대국들에 이익이 되도록 시간만 끈다. 북한 입장에서 보면 생존을 위해서 핵무기는 포기하지 못한다. 그래서 최후 수단으로 핵무기를 앞세운 벼랑끝전술을 펴고 있는 것이다. 이를 저지하기 위해서 남한과 미국도 군사적인 압박을 가하고 있다.

군사적 충돌이 일어날 수도 있다. 과연 전쟁까지 압박하며 벼랑끝전술을 펼치게 할 것인가? 누구를 위한 6자회담인가를 생각해야 한다. 옛말에 '빈대 잡으려다가 초가삼간 태운다'는 말이 있다. 이러다가 한반도는 잿더미가 되고 남 좋은 일만 하게 되는 것이다. 고래 싸움에 새우 등이 터진다. 한반도를 약화하려고 강대국들은 한반도의 남북한이 서로 싸우게 만든다 (以夷制夷). 군사 분쟁이 없더라도 분단이 장기화되면 강대국에 이용당하고 버림받는다.

2015년 1월 박근혜 대통령은 "북한의 비핵화가 안 되면 평화통일 이야기는 하지 못한다"라며 북한 핵문제에 대해 변함없는 입장을 밝혔다. 김정은 국방위원장도 "2015년에 일어날 수 있는 통일대전에 만반의 준비를 하라"고 지시했다고 한다. 남한과 북한은 제2차 세계대전 이후 70년 동안 반공산주의와 반제국주의 명분을 지키며 한반도를 경직된 사회로 만들었다. 이는 조선이 500년 동안 실용주의적인 '기'의 주자학을 금지하고 허상뿐인 '이'의 주자학 명분론으로 조선을 경직된 사회로 만들고 패망의 길로 갔던 것과 같다. 해방 이후 70년 동안의 싹쓸이문화는 조선 500년 싹쓸이문화의 연장이며 패망의 길이다. 미국은 북한을 '핵무장국'으로 표현하며 실질적으로 인정하려고 한다. 그러나 강대국의 비핵화 정책에만 매달리면 남한은 방향을 잃게 된다. 북한의 핵문제에 대한 실질적인 해결책이 없는 상황에서 비핵화에 매여서 시간을 허비하지 말고 여러 방면으로 남북한 관계를 다원화해야 한다.

일본의 ≪주간문춘(週刊文春)≫ 2013년 11월 14일 자에 이런 내용의 기사가 실렸다. 한국이 과거사 문제로 불편한 관계를 만든다는 이유로 아베 총리가 다양한 경제 제재를 통해 한국을 공격하는 경제적인 '정한'을 말하면서 "한국은 어리석은 국가"라고 했다는 것이다. 이 말은 아베 총리가 외교적으로 부인했으므로 무슨 의미인지 알 수 없지만 아무런 이득이 없는 반공산주의, 반제국주의 논쟁과 군사적인 충돌로 70년 동안 경직되고 배타적인 대립을 계속하고 있는 한국을 밖에서 보면 어리석은 국가로 보일 수도 있다.

조선이 500년 동안 실익이 없는 주자학의 명분론으로 4색 당파가 대립하다가 패망했던 것처럼 한반도 안에서 70년 동안 계속된 실익 없는 반공산주의와 반제국주의의 배타적인 명분을 앞세우는 좌우색깔론의 2색 당파 싸움 또는 좌우당파 싸움은 한반도를 패망으로 이끌 수 있다.

한반도 분단의 근본 원인은 이데올로기의 좌우당파 싸움이다. 근본 원인인 이데올로기의 차이를 없애려는 노력과 화해가 없는 통일 정책 등의 노력은 항상 실패하고 원점으로 돌아왔다. 이질적인 것을 인정하지 않는 싹쓸이문화를 가진 한국 사람들은 성질이 급해서 모든 문제를 한 방에 해결하려고 한다. 어떤 어려운 일이 있어도 변하지 말아야 할 것은 지키며 중심을 점점 넓혀야 하는데 급한 마음에 뿌리 채 싹쓸이하고 있다. 하루속히 이데올로기의 탕평책이 있어야 한다. 마음이 하나가 되어야 몸이 하나가 된다.

22

자유민주주의, 자본주의, 공산주의

자유주의라는 말은 16세기 종교개혁 이후 개인, 사회집단, 국가 등이 중세 가톨릭의 억압에서 벗어나려는 시도에서 시작되었다. 종교개혁을 기점으로 유럽에서는 암흑시대에 억압되었던 신앙, 사회사상, 경제활동 등이 활발해지면서, 하나로 통합되어 있었던 유럽이 분열되며 많은 독립국이 생겨났다. 이들은 정신세계이든 물질세계이든 서로가 경쟁 관계에 있었다. 자유주의란 모든 것들의 경쟁 관계이기도 하다.

17~18세기 중상주의 시대에 유럽 국가들은 식민지 활동을 통해서 비유럽 국가들의 문화와 경제를 유럽 체제 속에 포함했다. 유럽 내부에서도 경제활동의 자유를 통해서 빈익빈 부익부 현상으로 사회 갈등이 심화되었고, 유럽과 비유럽 사이 경제와 문화의 차이도 점점 벌어졌다. 이러한 갈등을 해결하기 위해서 내부적인 사회계층의 차별화와 세계적인 유럽과 비유럽의 차이를 합리화하려는 사회사상이 만들어졌는데, 그것이 바로 계몽주의와 합리주의이다.

계몽주의와 합리주의는 사회의 수준에 따라 다르다는 발전단계론(de-velopment)과 진보주의를 이용하여 국내와 국제사회를 계층구조로 만들어 통합하려고 했다. 자유주의, 계몽주의, 합리주의, 진보주의와 같은 사상을 등에 업고 성장한 중상주의 국가들은 경제적 이익을 극대화하기 위해서 노력했다. 중상주의의 대표자인 애덤 스미스(Adam Smith)는 『국부론(An Inquiry into the Nature and Causes of the Wealth of Nations)』(1776년)에서 이익을 극대화하고 생산성을 높이려고 노동의 분업과 기업 활동을 간섭하지 않는 자유방임주의(laissez faire)를 주장했다.

스미스는 자유방임주의에서 보이지 않는 손(invisible hand)이 노동 분업에 따른 사회 갈등을 극복하고 사회를 통합한다(harmony of interest)고 했다. 또한 그는 국제사회에서도 세계경제의 분업과 보이지 않는 손이 작용하는 이해관계의 조화를 통해서 세계 평화를 유지할 수 있다고 했다.

스미스가 자유방임과 보이지 않는 손으로 이루려고 했던 자유주의 유토피아(liberal utopia)에서 상인계급은 점점 번성해서 부를 축적했던 반면, 노동자계급은 점점 빈곤해졌다. 상인들은 더 많은 부를 쌓아서 자본가계급으로 성장하여 18~19세기에는 국내에 자본주의 사회를, 국제적으로 식민지와 제국주의 시대를 열었다.

사회적으로 성공한 강자들이 지배하는 자본주의 사회에서 가난하고 억압받는 약자들의 권리를 주장했던 맑스는 사회주의(공산주의) 유토피아(socialist utopia)를 생각했다. 스미스의 자유주의 유토피아는 결과적으로 강자의 논리에 따른 자본주의와 제국주의를 만들었으며, 이에 대한 반발인 약자의 논리로 공산주의 유토피아가 생겨났다. 다시 말하면 자본주의와 공산주의는 자유민주주의 안에서 생겨난 강자와 약자 각각의 논리이다. 자본주의가 없었으면 공산주의도 없었을 것이다. 공산주의는 자본주의의 결점을 보완하는 것이며, 공산주의는 자본주의 안에서 만들어진 사상 체계이고 자본주의에 부속된다.

사회주의 유토피아 사상은 토머스 모어(Thomas More)의 책 『유토피아(Utopia)』(1516)에 뿌리를 두고 있다고 한다. 이탈리아의 민족주의자 니콜로 마키아벨리(Niccolo Machiavelli)는 『군주론(Principe)』(1513)에서 이탈리아를 통일하기 위해서는 도덕성보다는 강력한 권력을 행사하는 것이 최고의 방법이라고 하면서 강자의 논리인 권력정치를 주장했으며, 이것은 절대주의 사상으로 발전했다.

모어는 『유토피아』를 통해서 마키아벨리의 절대적인 권력정치에 반대하고, 권력정치를 주장하는 헨리 8세에 맞서서 영국 사회에 퍼진 도덕성의 타락, 불법과 혼란, 권력 남용을 고발하려 했다. 16세기 영국에서는 부유한 사람들이 목장을 만들기 위해 농촌에 사는 농민들을 쫓아냈으며(enclosure), 쫓겨난 농민들은 런던 등 대도시에 모여 빈민촌을 이루었다. 『유토피아』는 런던 다리 밑에서 사는 등 비참하게 생활하는 빈민들에게 위안을 주려고 기독교 이상 사회인 천국의 모습을 그려서 보여주었다. 『유토피아』는 『군주론』이 주장하는 권력정치인 강자의 논리에 대항하는 약자의 논리였다.

1848년 맑스가 공산당선언(Communist Manifesto)을 발표하면서 공산주의라는 말이 새롭게 나타났다. 맑스는 자유경쟁 체제인 자유민주주의 안에서 사회를 지배하던 강자의 논리인 자본주의에 대항하여 약자의 논리인 모어의 유토피아를 실현하게 하는 공산주의를 주장했다. 맑스의 공산주의는 헤겔의 변증법의 사회발전단계론에서 따온 것이었다.

앞에서 언급했듯이 헤겔의 변증법에 따르면 사회는 '개인 - 가족 - 시민사회 - 국가 - 세계'라는 발전 단계를 거쳐서 통합된다. 가족 단계에서는 이성보다 감성이 앞서고, 시민사회 단계에서는 이성이 개인의 이익을 위해서 사용되므로 강한 자유주의 사상으로 국가가 해체될 위험이 있으며, 국가 단계에서는 인간의 자아의식이 완성되고 공동 목표를 위해 비이기적인 행동을 하는 단계이다. 이 단계의 인간 사회는 민족정신 또는 국민정신을 가진다. 국민정신이 더 발전하면 세계정신 또는 절대정신(Absolutgeist)을 가지며, 이때에 이르러서는 세계는 통합되고, 변증법도 끝나고, 또 역사도 끝난다고 했다. 헤겔은 당시에 후진국이었던 독일의 국가 통합, 민족주의와 독일이 제국주의로 발돋움하는 것을 정당화하기 위해서 국민정신을 강조했다.

맑스는 헤겔의 변증법을 이용하여 사회 발전 단계를 '원시 공산 사회 - 노예 사회 - 봉건 사회 - 자본주의 사회 - 공산주의 사회'로 나누는 역사 유물론을 만들었다. 공산주의 단계는 역사 발전의 가장 높은 단계로서 헤겔의 국민정신보다 높은 세계 통합과 세계정부를 목표로 했다. 세계정부가 이루어지는 공산주의 사회에서는 국가가 소멸하고 계급투쟁의 결과로 사회 계급이 없어지며 노동자계급이 프롤레타리아트의 가치를 기준으로 세계통합이 이루어진다고 했다.

맑스의 이상 사회인 공산주의 사회는 계급 차이 등 모든 차별이 없어진 프롤레타리아트 평등 사회로서 기독교의 이상 사회인 천국을 현실세계에 실현하려는 것이었다. 종교가 담당하던 이상 사회를 공산주의가 담당했기 때문에 공산주의는 종교는 마약이라는 말로 종교의 역할을 부정하고 배척했다. 그러나 공산주의는 기독교의 이상 사회를 실현하는 것이므로 공산주의도 기독교문화의 사상 체계를 벗어나지 못한다.

블라디미르 레닌(Vladimir Lennin)은 1917년 공산주의 러시아 혁명에 성공하여 자유민주주의 안에 함께 있던 자본주의와 공산주의를 분리하여 서로 갈등하는 적대 관계로 만들었다. 특히 제2차 세계대전 이후에는 세계가 자본주의와 공산주의의 양대 진영으로 갈라져서 서로가 상대방을 소멸해야 할 대상이라고 주장했다. 6·25 전쟁, 베트남 전쟁 등 여러 차례의 크고 작은 전쟁이 세계 각지에서 일어났다. 자본주의 진영에서는 반공산주의, 공산주의 진영에서는 반자본주의·반제국주의라는 명분으로 싸우는 냉전 시대였다. 그러나 1990년 소련 공산주의 진영이 무너지면서 세계는 다시 자유민주주의 안에서 자본주의로 통합되었고, 진정한 세계화 시대가 시작되었다.

산업사회가 발달하면 공산주의의 뿌리인 프롤레타리아트 가치와 자본주의의 뿌리인 상품생산과 시장경제가 함께 있게 된다. 이처럼 공산주의 진영이 무너진 세계화 시대의 자유민주주의에서도 강자의 논리인 자본주의와 약자의 논리인 공산주의는 함께 있다. 자본주의 시장경제에서 상품생산을 많이 하면 할수록 그만큼 더 많은 노동자, 즉 프롤레타리아트를 생산하게 되는 것이다. 이것은 중국이 사회주의 혁명을 위해서는 사회주의 시장경제와 상품생산을 늘려야 한다고 했던 것과 같다. 자유민주주의 사회에서 상품생산과 함께 늘어나는 프롤레타리아트를 잘 처리한다면 건전한 사회를 만드는 결과가 된다. 자본주의와 공산주의는 동전의 양면처럼 함께 있다.

어떤 사회이든 통합이 되려면 먼저 철학이나 사상 체계가 통합되어야 한다. 이것은 사회의 다양성을 포용하고 공존하는 기본적인 틀을 만드는 일이다. 사상 통합이 사회 통합에 앞서야 한다.

서독은 냉전 시대의 흐름에 따라 1956년에 독일공산당(KPD)을 금지했다. 그러나 이데올로기 양극체제가 완화되는 움직임에 따라 1968년 동방 정책을 시작하면서 독일공산당(DKP)을 다시 허용했다. 서독의 동방 정책은 공산주의 동독을 포용하면서 시작되었다.

중국은 1국가 2제도 정책과 사회주의 초급 단계론에서 주장하는 다양성 공존 논리를 이용해 타이완을 포용하면서 평화롭게 공존하고 있다. 타이완도 2003년 8월에 공산주의 금지 규정을 없애고 정당이나 사회단체 결성을 허가제에서 신고제로 바꾸었다. 타이완도 중국과 평화공존하면서 통일의 길로 가고 있다. 만일 중국의 베이징 중앙정부가 정치사상을 독점했다면 세계화 시대에 세계 헤게모니 국가가 되려는 베이징 정부는 외부 세계의 압력이나 군사적인 봉쇄 정책을 감당하기 힘들었을 것이다. 태평양 동쪽에서 오는 자본주의 미국과 일본의 압력은 타이완에서 그 힘을 잃고 있다. 이것이 바로 중국과 타이완의 중국협조체제이다.

19세기와 20세기에 걸쳐서 중국은 유럽문화권 국가들의 간섭과 침략을 받아 자기의 영향권에 있던 변방 지역을 잃었다. 그러나 가부장의 권위주의를 가지고 있던 중앙집권이 강했기 때문에 중화 세계의 중심인 중국만은 지킬 수가 있었다. 유럽문화권 국가들은 한 국가 혼자만의 힘으로는 중국의 중앙집권을 상대할 수가 없었기 때문에 서로의 갈등은 뒤로하고 우선 힘을 합쳐서 중국의 중앙집권을 무너뜨리려고 했다. 이 유럽협조체제의 기독교문화권은 중국에 대한 외교 관계이든, 군사적인 압력이든, 무역 관계이든, 각 국가들에 여러 가지 대화 창구가 있었다. 반면 중국은 베이징에 있는 중앙정부만이 유일한 대화 창구였다. 세계화 시대에 중국이 앞으로 기독교문화권 국가들을 상대하려면 또 다른 유럽협조체제를 만날 수도 있다. 이때 기독교문화권뿐만 아니라 다른 문화권들도 19세기와 마찬가지로 갖가지 창구를 통해 중국에 접근할 것이다. 중국 또한 이에 대응하여 여러 개의 대화 창구를 가져야 한다. 이를 위해서 중국과 타이완의 중국협조체제가 필요하다.

한편 한반도는 다양성을 포용하는 능력이 다분히 배타적이고 제한되어 있다. 이것은 상대방을 인정하지 않는 싹쓸이문화의 영향이기도 하고, 앞일을 생각하지 않고 현재에 만족하는 안일한 민족성의 특징이기도 하다. 또한 이익이 있다 할지라도 명분에 맞지 않으면 따르지 않는 한국 사람의 특이한 명분론 때문이기도 하다.

조선은 주자학을 통치 이데올로기로 삼고 대외적으로는 사대교린 정책을 펼쳤다. 따라서 명나라 이외의 모든 나라는 야만이라고 단정하고 고려시대까지 활발하게 진행되었던 국제무역을 모두 막고 스스로 고립하는 쇄국 정책을 폈다. 그뿐만이 아니다. 조선은 임진왜란 때에 명나라가 군대를 파견하여 조선의 멸망을 막아주었다는 은혜(再造之恩)에 감사하여 의리를 지키기 위해서(對明義理論) 사대주의를 더욱 강화하고 주자학 교육을 더욱 강화하여 백성을 지배했다. 이로써 조선은 외부 세계의 변화와 움직임을 전혀 모르고 있었으며, 19세기 서양 세력이 몰려올 때에는 아무런 대응을 못 하고 강대국에 의존할 수밖에 없었다.

주자학은 형이상학의 정신세계인 이의 세계와 형이하학의 물질세계인 기의 세계로 구성되어 있다. 그러나 조선은 금욕주의적인 이의 세계만을 숭상하고, 세속적인 실용주의 철학인 기의 세계를 배척했다. 이러한 조선의 반쪽 주자학은 명나라에 대한 사대주의와 쇄국 정책을 펼치도록 했으며 자신을 점점 고립시키고 멸망에 이르게 했다. 이의 주자학 명분론은 배타적이어서 실제 이익을 생각하지 못하게 했고, 조선을 정체된 사회로 만들었다.

인간 사회에는 선과 악이 함께 있다. 유럽문화가 지배하던 20세기까지의 세계 역사는 흔히 흑백논리 시대, 이분법의 시대, 획일화 시대, 기독교문화 시대라고 말한다. 이러한 논리들은 자기가 선의 위치를 독점하기 위해서 나의 것은 선이고 이질적인 것은 악이라고 여겼다. '나는 옳고 너는 나쁘다'라는 자아와 타자의 논리로 '너'를 타자화해서 '나'에게서 떼어내려고 했다. 자기가 선을 독점하려는 만큼 상대방은 더욱 악해진다. 그래서 이러한 흑백논리와 이분법의 대립은 점점 커졌다.

20세기까지를 절대주의 시대라고 한다. 이 시대에는 '나'를 지키고 주장하기 위해서 이질적인 것을 악이라 하며 밖으로 몰아내어 '나'의 영역을 넓히면서 자기를 확대시켰다. 군사적인 정복의 시대였다. 그러나 상대주의 시대에는 이질적인 악을 '나'의 안에 끌어들여서 '나'를 완성하고 확대해야 한다. 이질성을 얼마나 많이 끌어들이느냐가 국가의 문화적 포용능력이다. 세계(우리)는 '나'에서 출발한다. 세계는 '나'가 보는 세계이다. '나'는 세계의 중심이자, 생각의 중심이며, 출발점이다. 세계는 '나'의 확대이며, 악으로 여기던 이질적인 '너'를 포용할 수 있는 능력에 따라서 '나'의 세계가 결정된다. '우리'라는 세계는 '나'가 커지는 '나한'의 세계이다. '나' 속에 '너'를 포용하며 '너'도 '나'를 포용하면서 '더욱 큰 나'인 '우리'를 만든다. 그러나 자기완성이 되지 못한 '나'는 '더욱 큰 나' 속에 빨려 들어가서 '우리'를 이루지 못하고 점점 작아지고 없어진다. 자기완성이 없는 '나'의 확대는 '우리' 속에서 흩어져서 소멸한다.

남한은 아직도 6·25 전쟁 때 미국이 군대를 파견하여 자본주의를 지켜준 것에 대한 감사로 미국에 의리를 지킨다는 대미의리론을 강조하며, 자유민주주의를 지킨다는 이유로 북한을 타도 대상으로 여겨서 멀리하고 있다. 조선의 반쪽 주자학이나 명나라에 의리를 지킨다는 대명의리론과 마찬가지다. 자본주의와 공산주의는 자유민주주의 안에 함께 있다. 남한은 '나'로서 또 다른 반쪽인 북한을 '너'로 받아들이지 못하기 때문에 '더욱 큰 나'인 한반도 통일의 노력은 점점 어려워진다. 이것은 조선의 반쪽 주자학과 마찬가지로 반쪽 자유민주주의이다.

다양성이 공존하면서 경쟁하는 세계화 시대에 아직도 한반도는 선이라고 주장하는 '나'와 악이라고 여기고 물리치는 '너'로 분리된 상태에서 강대국들에 둘러싸여 있다.

이 강대국들은 과거와 마찬가지로 독자적인 세계관과 힘을 배경으로 한반도에서 주도권을 잡기 위해 경쟁하고 있다. 그러나 한반도는 자기완성도 못 한 상태에서 다양성의 세계화에 들어가고 있다. 자기완성이 되지 못한 한반도는 아직도 남한과 북한으로 분리되어 서로를 고립시키며 선과 악의 흑백논리로 대립하고 있다. 세계화에 대응하기 위해서 한반도는 빨리 자기완성을 이루어야 한다. 그렇지 않으면 또다시 강대국들의 이해관계와 협조체제(concert)에 시달리고 조선과 마찬가지로 이들에게 의지하다가 버림받고 고통을 당하게 될 것이다.

완성되어야 할 '나'의 범위가 어디까지인가를 생각하면 선과 악의 문제를 해결하는 방법이 달라져야 한다. 한반도 안에 있어야 할 선과 악을 지나치게 구별하면 한반도는 반쪽이 된다. 조선이 반쪽 주자학을 통치 이데올로기로 삼았기 때문에 사회는 경직되고 세계 역사의 흐름을 알지 못하고 이에 대응하지 못했다. 조선의 민화 〈까치호랑이〉처럼 사나운 호랑이를 귀여운 고양이로 변신시켰다. 앞으로 다가오는 위험을 모르고 이에 대응할 대책도 세우지 않고 까치들이 무시해도 안일하고 멍청하게 고양이처럼 평화롭게 지낸다.

남한은 자유민주주의를 지킨다고 하면서도 그 안에 있는 반쪽인 자본주의만을 주장하고 또 다른 반쪽인 공산주의를 포용하지 못하고 있다. 세계의 선진 자유민주주의 국가들은 자본주의 정당은 물론 사회주의와 공산주의 정당들을 모두 갖추고 있다. 자유민주주의의 포용성을 보여야 할 남한은 아직도 냉전 시대의 흑백논리와 이분법으로 '좌파 몰아내기', '종북', '친북', '반북', '반공', '친미', '반미' 등의 논쟁을 계속하고 있다. 이러한 반쪽 자유민주주의는 조선의 반쪽 주자학처럼 세계의 흐름에 대응하지 못하고 주변 강대국들에 이용당하고 버림받게 한다. 남한은 북한을 타자화하거나 고립시키지 말고 포용해야 한다.

한반도 통일은 자유민주주의 안에서 자본주의와 공산주의가 서로 공존하며 어울리고 얽혀서 '나'와 '너'를 구별하지 않을 때 가능하다. 한반도의 통일은 되느냐 안 되느냐의 문제가 아니다. 언제 되느냐의 문제이다. 세계화가 완성되고 하나 된 지구에서는 저절로 통일이 된다. 그때가 되면 한반도는 존재하지 못한다. 그렇게 되면 한반도의 역사는 또다시 강대국에 의한 타율적인 역사가 되고 '나'의 정체성을 세우지 못한 한반도의 남북한은 세계화 속에서 정체성을 잃을 가능성이 크다. 반쪽 주자학과 반쪽 자유민주주의라는 명분에 얽매이다 보면 세계의 흐름에 뒤처지게 될 것이다.

남북한은 1972년 7월 4일 함께 발표한 7·4 공동성명, 2000년 6월 15일에 발표한 김대중 대통령과 김정일 국방위원장의 6·15 공동선언, 2007년 10월 4일 발표한 노무현 대통령과 김정일 국방위원장의 10·4 공동선언 등을 통해 화해와 평화공존을 약속했다. 그러나 이러한 공동성명과 두 번의 공동선언에도 불구하고 남북한은 이것을 뒷받침할 근본 문제인 사상 통합을 위한 조치는 하지 않았다. 분단의 원인이 사상 갈등이었는데도 그 갈등의 원인을 제거하지 않았다. 독일과 중국은 통합과 통일에 앞서 그 근본 원인인 사상 통합을 먼저 이루었다.

공동성명과 공동선언 이후에 양쪽에서 화해와 교류를 위한 제안들은 수없이 많이 나왔지만, 모두 원점으로 되돌아가고 항상 제자리걸음만 반복했다. 사상 통합을 먼저 이루지 않았기 때문이다. 서로가 사상의 차이 때문에 적화통일이나 흡수통일을 의심하여 상대의 제안을 받아들이지 않는다. 여러 번 말하지만, 마음이 하나가 되어야 몸이 하나가 된다.

남한은 중국에 있었던 임시정부의 정통성을 이어받았다고 한다. 임시정부는 이데올로기의 다양성을 포용했다. 그러나 돌아와 새 정부를 세우는 과정에서 좌우가 대립하여 남한과 북한으로 분단되었다. 한반도 분단의 원인은 이데올로기의 대립이었다. 임시정부의 정통성을 이어받고 통일을 이루려면 이데올로기의 화해부터 먼저 해야 한다. 자본주의 남한은 공산주의 북한을 포용하여 자유민주주의를 완성해야 한다.

세계화 시대인 지금 과거 냉전 시대처럼 자본주의를 부정하고 프롤레타리아트 독재를 주장하는 공산주의 국가는 없다. 북한 헌법에서도 프롤레타리아트 독재를 삭제하고 김일성의 주체사상과 강성대국을 국가 이념으로 하고 있다. 북한 주민의 50% 이상이 시장경제에 의존하는 등 북한은 자본주의 제도를 도입하려고 한다. 그러나 핵과 미사일 문제로 국제사회의 제재를 받아 어려움을 겪고 있다.

남한 사회에는 공산당을 제외한 진보 정당들이 제도권 정치에 자리 잡고 있다. 이러한 기회에 이름뿐인 공산주의를 적대적으로 타자화시키지 말고 생활정치에 받아들여야 한다.

북한이 자본주의를 정착시키면 한반도 사태는 더욱 어려워질 것이기 때문이다.

23

북한을 동북4성에
편입할 생각 있습니까

　"북한을 동북4성에 편입할 생각 있습니까?" 이것은 2013년 박근혜 대통령이 시진핑 국가주석에게 한 질문이라고 한다. 이 질문에 대해 시진핑 주석은 그럴 가능성을 부인했다(≪동아일보≫, 2014.1.8). 이는 단순한 외교적 수사일 수도 있지만, 국가원수가 자기 나라의 영토를 가져갈 생각이 있느냐고 다른 나라 국가원수에게, 더욱이 영토를 가져갈 의심이 드는 나라의 최고 지도자에게 묻는 것은 있을 수 없는 일이다. 오죽 급하고 심각했으면 그런 질문을 했겠느냐는 생각도 든다. 그러나 이것은 이웃집에 가서 우리 집안일 해결을 부탁하는 격으로 "한국은 어리석은 국가"라는 말을 들을 만한 행동이다.

　북한의 주민 생활은 옛날과 달리 배급에만 의존하지 않고 50% 이상이 장마당을 통해서 이루어진다고 한다. 그만큼 북한에서 시장경제가 어느 정도 자리 잡기는 했다는 말이지만 그곳 상품들은 대부분 중국 생산품이다. 그만큼 서민 경제는 중국에 의존하고 있다. 중국은 북한을 흡수하기 위해 깔때기식으로 집중하여 경제뿐 아니라 여러 방면에서 공격하고 있다. 중국은 북한의 외화 부족을 기회로 삼고 광물자원을 마구 사들이고 서해와 동해에서도 해저광물 채굴권과 수산물 어업권을 사들였다.

군사적으로는 북한의 급변 사태에 대비한다는 명목으로 2003년경에 접경 지역에 15만 명의 군대를 배치했고, 2014년에도 백두산 부근에 10만 명을 주둔시키고 정기적인 군사 훈련을 하고 있으며, 유사시에 이동하기 편하도록 접경 지역을 따라서 고속도로를 건설하고, 압록강과 두만강에 다리를 추가로 건설했다.

접경 지역에 주둔하는 중국군은 북한에서 급변 사태가 생기면 북한이 가지고 있는 핵무기를 빨리 접수하고 사회질서를 통제하기 위해 투입될 계획이다. 이들은 임시로 북한에 주둔한다고 말할 것이다. 그러나 임시가 영원이 될 수 있다. 제2차 세계대전 이후 38선으로 임시 분할한다고 했던 한반도는 70년이 지난 지금도 분단되어 있다. 중국은 임진왜란 때에도 한반도 북부를 요동 지방에 병합하려고 했다(16장 참조).

중국이 6·25 전쟁에 참전한 것은 전쟁이 만주 지역으로 확대되는 것을 막고 북한을 도와 미국 제국주의에 대항하기 위한 것이라는 일반적인 논리였다. 그러나 전쟁을 통해 국방선을 평양 - 원산으로 하여 영토를 확장하려는 목적도 있었다(≪조선일보≫, 2015.10.5).

중국은 북한을 중국 역사에도 포함시키려고 한다. 먼저 2003년부터 시작된 동북공정에서는 고구려 역사를 중국 역사에 편입시켰다. 마찬가지로 2003년부터 시작된 탐원공정에서는 고조선의 단군신화까지도 중국 황제족의 신화에서 유래되었다고 주장하면서 고조선 역사를 요동 지방의 요하문명에 포함했다. 요동 지방에 단군신화 공원도 만들었다. 중국은 동북공정과 탐원공정을 통해서 북한뿐만 아니라 한반도 전체를 흡수하려

한다(우실하, 2007. 이 책 제21장 참조).

또 중국은 세종대왕이 1443년에 창제한 훈민정음까지도 중국 것으로 만들려고 한다. 2009년에는 한글이 원나라의 파스파 문자를 본떠서 만든 것이라고 주장했다. 이어서 2010년에 한글공정이 시작되었다. 중국은 조선어가 중국 소수민족인 조선족도 쓰고 있으므로 중국어라고 주장하면서, 컴퓨터와 휴대전화에 쓰고 있는 400여 개의 특허권이 신청된 한글 자판을 통일시키기 위해 중국과 한국이 공동으로 연구하자고 제안했다.

정보화 시대의 정보 전달 수단인 문자를 간소화하는 것은 중국이 문화 대국이 되기 위해서는 절대 필요하다. 한글의 자음에 몇 자만 더하면 중국어 표기가 가능하다고 한다. 그러나 문화 대국 중국이 변방이었던 조선의 문자를 쓴다는 것은 자존심의 문제이다. 그러므로 땅을 얻어서 그 위에 있는 것을 중국 것으로 하려는 것이다.

북한의 급변 사태로 중국군이 북한에 들어오면 이에 맞서 일본군도 어떤 수단이나 핑계를 써서라도 한반도 남부에 들어온다. 한반도는 다시 분할되고, 여기에 한반도는 없어진다. 그런데도 앞을 못 보고 안일하게 이웃집에 가서 나의 반쪽을 비난하고 욕한다. 고래 싸움에 새우 등 터진다. 고래가 싸우는 곳에 새우야 가지 마라.

남한은 북한이 비핵화를 실현하여 개혁·개방으로 나오도록 도와달라고 중국에 부탁한다. 중국은 북한에 직접 이야기하라고 한다. 부끄러운 일이다.

24
일본의 정한론은 살아 있다

일본이 임진왜란을 일으킨 여러 가지 이유 중에서 가장 큰 명분은 임나 경영설에 근거하여 한반도 남부를 회복한다는 것이었다. 한반도 남부는 일본의 대외 정책에서 가장 핵심적인 과제이며, 이것을 뒷받침하는 논리가 1870년대의 정한론이었다. 정한론의 대표자였던 사이코 다카모리는 자기가 직접 조선에 사절로 가겠으니 자기에게 좋지 못한 일이 생기면 이것을 구실로 삼아 조선을 군사적으로 정벌하자고 주장했다. 그러나 유럽을 시찰하고 돌아온 이와쿠라 사절단은 일본의 군사력이 약하니 아직은 때가 아니라는 이유로 사이코 다카모리의 주장을 만류했다.

일본은 1876년에 해안선을 측량한다는 구실로 운양호 사건을 일으켜서 조선을 개국시켰다. 그리고 1910년에는 이(일본)를 보호하기 위해서 입술(조선)이 필요하다는 순치론으로 조선을 합병했다. 그리고 일본(內)과 조선(鮮)은 하나라는 명분(內鮮一體)으로 조선을 일본화했다. 1931년에는 다시 만주국을 세우고는 조선과 만주는 같은 조상을 가졌다는 만선동조론으로 아시아 대륙에 깊숙이 침투했다. 이때는 중국이 힘이 약해서 유럽 강대국들도 서로 경쟁하며 중국에 진출했다.

21세기의 중국은 세계 헤게모니 국가가 되어서 주변을 중국화하고 있다. 일본은 과거와는 달리 오히려 중국에 위협당하고 있다. 일본은 생존을 위해 아시아 대륙에서 분리되어 떠나려고 한다. 일본은 러시아와는 쿠릴열도 분쟁, 한반도와는 독도 분쟁, 중국과는 조어도(센카쿠) 분쟁으로 아시아 대륙에서 분리되는 선을 만들고 있다. 그러나 동시에 일본은 아시아 대륙에서 완전히 떨어져 나간 섬나라로만 있기보다 아시아 대륙에 발을 올려두어야 한다. 19세기 순치론처럼 섬나라 일본이 살아남기 위해서 한반도가 필요하다고 주장하는 이유이다.

일본 입장에서는 정한론이 다시 살아나야 한다. 앞에서 언급했던 ≪주간문춘≫에 따르면 아베 총리가 "중국은 싫은 국가지만 아직 이성적인 외교가 가능하다. 하지만 한국은 단지 어리석은 국가일 뿐이다"라고 말했다고 한다. 이 잡지는 또한 "일본 정부는 어떤 방법으로 정한할까 … 다양한 경제제재 조치를 준비하고 있다"라고 했다고 보도했다. 일본 정부는 아베 총리가 "… 어리석은 …"이라는 발언은 안 했다고 부인했지만, 그 내용의 진심은 부인할 수 없을 것이다. 아베는 일본 정부가 깔때기식으로 집중하여 한국에 경제제재를 하면 한국 경제는 무너진다고 했다(≪주간문춘≫, 2013.11.21). 그만큼 한국 경제의 일본 의존도가 높다는 뜻이기도 하다.

일본은 군사적으로도 정한론을 되살리려고 군사개입의 구실을 찾고 있다. '북한의 미사일 실험 발사에 대응해서 미사일 기지를 선제공격할 수 있다', '전쟁을 금지한 헌법 9조를 개정하지 않고 해석을 달리해서 집단자위권으로 외국을 공격할 수 있다', '한반도 유사시에 일본인을 구출하기 위해서 자위대를 파견할 수 있다', '한반도 유사시 일본 영토인 독도가 피

격되면 군사 대응을 한다' 등을 군사개입의 구실로 든다. 그러나 가장 확실한 것은 2014년 10월에 미국과 일본이 합의한 미·일 방위협력지침이다. 이 합의에서는 지리적 제약을 없애고 작전 범위를 전 세계로 확대했기 때문에 한반도 유사시에 일본은 의지만 있으면 군대를 파견할 수 있게 되었다. 일본은 미국의 등에 업혀서 들어올 것이다. 한국 정부는 군대 파견은 사전에 한국의 동의를 얻어야 한다고 했지만, 평화 시기의 논리와 전쟁 시기의 논리는 다르다.

유사시에 일본이 한반도에 군대를 파견한다 할지라도 북한까지는 진출하지 않을 것이다. 중국과는 직접 군사적 대결을 피하고 남한에만 머물 것이다. 이것은 중국과 일본의 타협(중·일 협조체제)으로 가능하다. 강대국인 미국과 일본은 강대국인 중국과 직접 싸우지 않는다. 약소국인 남한과 북한이 대리전쟁을 치른다. 약소국은 전쟁을 치르고, 강대국은 서로 협조하고 이익을 챙긴다. 고래 싸움에 새우 등 터지는 일이다.

2015년 9월 19일 일본의 안보법이 상원을 통과하면서 확정되었다. 이제 일본은 세계 어디서든 전쟁할 수 있는 나라가 되었다. 그러나 일본이 진정으로 바라는 것은 임진왜란과 한일합병의 목표였던 한반도에 진출하는 것이다. 이를 위해서 일본은 운양호 사건처럼 의도적으로 개입의 구실을 만들 수도 있다.

중국과 일본, 미국의 한반도 분할 점령은 또 다른 한반도 분단이다. 고래 싸움에 새우가 죽는다는 것을 기억해야 한다.

25

미국과 일본의
태프트·가쓰라 밀약은 살아 있다

미국의 육군장관 태프트와 루스벨트 대통령의 딸 앨리스 루스벨트 (Alice Roosevelt), 상원의원 7명, 하원의원 23명은 각자 부인과 보좌관을 데리고 1905년 7월 5일 샌프란시스코를 떠났다. 1898년 미국·스페인 전쟁으로 미국령이 된 필리핀을 시찰하기 위해서였다. 필리핀에 가는 길에 태프트는 도쿄에 들러 일본 수상 가쓰라 다로와 만났다. 그리고 1905년 7월 29일 태프트·가쓰라 밀약을 맺었다. 이 밀약은 "일본은 필리핀에서 미국의 독점적 지배를 인정하고, 미국은 조선에서 일본의 독점적 지배를 인정한다"고 함으로써, 조선은 믿었던 미국에 버림받고 1910년에 일본에 합병되었다.

필리핀에서 돌아오는 길에 일행은 홍콩에서 2개 팀으로 나뉘었다. 먼저 태프트와 6명은 상하이 - 나가사키 - 고베 - 요코하마를 거쳐 9월 27일에 샌프란시스코에 도착했다. 이때 이들이 타고 도착한 배 이름은 태평양우편선인 '코리아(Korea)'였다(이 이름은 미국이 없애버린 나라 이름이다).

또 다른 팀은 앨리스와 28명으로 상하이 - 베이징 - 조선 - 일본을 여행했다고 한다. 앨리스 일행은 9월 20일에 서울에 도착했다. 고종은 미국의 공주가 왔다고 앨리스를 직접 극진히 대우했다고 한다(브래들리, 2010). 조선은 앨리스가 왔을 때 이들이 조선을 버렸다는 사실을 전혀 알지도 못했다(앨리스의 서울 여행에 대해서는 ≪조선일보≫, 2015.10.6. 참조).

한반도의 운명을 결정하는 국제적인 사건에는 옛날부터 항상 한반도가 없었다. 미국의 아시아·태평양 정책은 중국과 통상 관계를 유지하고 태평양에서의 독점적 안정을 누리는 것이 목표였다. 일본이 대륙으로 진출하도록 하여 중국과 무력 충돌하게 하면 중국과의 통상 관계를 유지하는 동시에 일본과 중국이 태평양에 진출하는 것도 함께 막을 수 있었다. 이것이 태프트·가쓰라 밀약의 근본 목적이었다(6장 참조).

미국의 일본 정책은 미국의 중국 정책 안에 있고, 미국의 한반도 정책은 미국의 일본 정책 안에 있다. 일본 한반도 정책의 기본은 한반도 남부이다. 미국의 일본 정책은 일본의 한반도 정책을 존중해주어야 한다. 따라서 미국의 한반도 정책은 일본의 한반도 정책과 같아진다.

미국이 세계화 시대에 아시아·태평양 지역의 헤게모니 국가인 중국과 우호적인 통상 관계를 유지하고, 동시에 태평양 세력으로 남기 위해서는 태평양 서쪽에 있는 일본의 협조가 절대적으로 필요하다. 미국의 미래학자 앨빈 토플러(Alvin Toffler)는 세계화 시대에 미국과 일본이 합병하여 자메리카(Jamerica=Japan+America)를 이루어야 한다고 했다. 이를 위해 미국은 1905년 태프트·가쓰라 밀약의 기본 틀에 따라 일본을 한반도에 진출시켜야 할 것이다.

북한은 경제적으로는 어렵지만, 자위 수단이라면서 핵무기와 미사일을 개발하여 미국까지 사정거리에 두고 있다. 기존의 재래식 무기도 현대화하여 군비를 강화하고 있다. 이에 맞서는 대응 수단으로 남한과 미국은 한·미 군사동맹을 강화하고 군비를 증강하고 있다. 상대방을 견제하기 위한 군비 경쟁을 하다 보니 세계에서 가장 무서운 현대 무기들이 한반도에 집중되어서 군사적 긴장이 점점 높아지고 동시에 전쟁 위험도 커진다.

미국은 한반도에서 높아지는 전쟁 위험을 기회로 삼고 있다. 미국은 한·미·일 군사동맹으로 북한의 군사력에 대응하려 하지만, 남한은 과거 역사에 대해 일본이 사과해야 한다는 입장이기 때문에 일본과의 동맹을 꺼린다. 일본이 아시아를 침략했던 과거 역사를 사과하지 않고 정당화하면 이러한 역사가 또다시 반복되기 때문이다. 한·미·일 동맹 관계를 만들려면 한일의 화해가 필수이다. 그래서 2014년 12월 버락 오바마(Barack Obama) 대통령이 아베 총리를 만난 자리에서 "한국과의 관계 회복에 적극적으로 나서라"고 주문하는가 하면, 미국 국무부는 한일 관계 개선이 2015년도 아시아 지역 정책의 우선순위라고 밝혔다.

미국은 직접적인 한·미·일 군사동맹 대신 간접적인 방법으로 미·일 방위협력지침을 개정했다. 이 지침에서는 지리적 범위가 제한이 없어서 일본은 유사시에 미국과의 합의로 한반도에 군대를 파견할 수 있다. 2014년 12월에는 한·미·일 군사정보약정을 맺어서 북한핵과 미사일에 관한 정보를 3국이 공유하기로 합의했다. 3국은 한국에서 일본에 대한 여론이 좋지 않은 것을 고려해 이 약정을 비공개로 서명했다. 약정은 조약이나 협정보다는 낮은 단계로 정부 기관 사이에 맺어져서 국회의 동의가 필요하지 않다. 또 2014년 10월에는 미국의 전시작전통제권을 한국에 이양하는 시기를 2014년 12월에서 10년 이상 늦춘 2020년대 중반까지로 정확하게 정하지도 않고 합의했다. 물론 한반도 안정을 위해서 통일 이후에도 주한 미군이 계속 주둔하는 것은 필요하다.

현재 전시작전통제권은 평화 시기에는 한국군이 가지고, 전쟁 시기에는 미국군이 가진다. 평화 시기에는 전시작전통제권이 실질적으로 의미가 없다. 전쟁은 정책의 연장이다. 강대국은 전쟁을 통해서 앞으로의 계획과 정책을 세운다. 약소국의 운명은 전쟁 중 강대국에 의해서 결정된다. 전시작전통제권을 가진 미국은 한반도 유사시에 미국의 아시아·태평양 정책과 아시아 대륙 정책에서 가장 핵심인 일본을 한반도에 상륙시키려고 힘쓸 것이다. 한반도의 운명은 뒷전일 수밖에 없다.

전쟁 시기에 일어나는 일은 구체적으로 논의할 여유도 없이 시급하게 결정된다. 미국은 한·미·일 군사정보 약정을 한·미·일 군사동맹으로 발전시킬 가능성이 크다. 전시작전통제권이 없는 한국은 전쟁 중에 미국의 말을 들을 수밖에 없다. 그리고 시간이 지나면 1969년 닉슨 독트린처럼 미국이 주한 미군을 철수시켜야 할 상황이 될 수도 있다.

과거를 돌아보면 1969년 소련이 브레즈네프 독트린을 발표하여 중국을 침공하겠다고 위협했을 때, 미국은 중국을 위기에서 구하고 중국과 경제 교류를 하기 위해서 닉슨 독트린을 발표했다. 닉슨 독트린의 또 다른 이유는 베트남 전쟁 등으로 미국의 경제력이 제2차 세계대전 직후의 절반 수준으로 줄었다는 것이다. 미국이 더는 전 세계적인 방위의 책임을 질 수가 없었기 때문에 세계를 지역 방위로 나누어서 아시아·태평양 지역 방위는 일본에 맡기고 미국은 핵우산만 제공하겠다고 했다. 한반도에서도 주한 미군을 철수시키고 그 대신 일본 자위대를 재무장하여 한반도 방위를 맡기려고 했으나, 이에 반발한 박정희 대통령이 핵무기 개발 계획을 생각하여 한·미 관계가 불편하게 된 적이 있었다.

이슬람권과의 전쟁 등으로 재정 지출이 많아지고 경기 침체가 이어진 미국의 경제력은 2014년 중국에 추월당했다. 전문가들은 앞으로 미국과 중국의 경제 격차는 더욱 커질 것이라고 내다본다. 미국이 1969년처럼 중국과의 관계를 정상화하고, 군사적인 갈등은 일본에 맡기고, 한반도 문제도 이미 미·일 방위협력지침에 따라 진출한 일본군에게 맡기고 주한 미군을 철수시키는 제2의 닉슨 독트린을 시행할 가능성이 많다. 그렇게 되면 일본은 한반도 남부에 대한 소망을 이루고, 미국은 20세기 초에 했던 것처럼 태프트·가쓰라 밀약을 완성하게 된다. 그렇게 된다면 한반도 북쪽은 중국에, 남쪽은 일본에 분할 점령된다. 이번의 분할 논의에서도 한반도가 없다. 국제정치는 웃는 얼굴을 하고 등에는 칼을 숨기고 있는 악한들의 무대라는 것을 알아야 한다. 이 고래 싸움이 일어났다면 새우는 이미 죽었다.

26

개마고원은 살아 있다

개마고원은 백두산(2744m)에서 뻗어나온 2000~2500m급 높은 산들과 마천령산맥, 부전령산맥, 낭림산맥 등으로 둘러싸여 있다. 한반도의 지붕이라 불리는 고산지대이다. 이곳은 한반도에서 이미 멸종된 것으로 알려진 포유동물, 특히 호랑이도 살지 않을까 하고 희망을 품게 되는 높고 깊은 지대이다. 개마고원은 압록강을 사이에 두고는 중국의 지린 성과 두만강을 사이에 두고는 중국의 연변조선족자치주와 러시아의 연해주와 연결된다. 개마고원은 주변에 있는 산악지대와 연결하면 북한 면적의 80% 이상을 차지하고, 남한의 태백산맥까지도 연결된다.

이곳은 일본 제국주의 시대에 독립군들의 활동 무대였다. 독립군들은 압록강과 두만강을 사이에 두고 중국의 지린 성과 헤이룽장 성, 러시아의 연해주를 넘나들면서 일본군에 저항했다. 북한의 김일성도 백두산을 중심으로 지린 성, 헤이룽장 성, 연해주를 무대로 활동했다고 한다. 김정일도 백두산에서 태어났다고 한다. 북한 사람들에게 지린 성, 헤이룽장 성,

연해주, 개마고원은 김일성 항일 투쟁의 성지이다. 북한에서는 김일성 가문을 백두산 혈통이라고 부른다.

개마고원은 6·25 전쟁 중인 1950년 겨울에 중공군의 개입으로 장진호 전투에서 미국군 약 1개 사단이 희생된 곳이기도 하다. 북한은 1990년대에 식량 부족으로 많은 주민이 굶주리고 목숨을 잃는 어려움을 겪을 때, 군인과 주민들을 백두산으로 보내 고난의 행군을 하게 하여 김일성의 항일 투쟁 정신을 본받아 고난을 이겨내려고 했다.

이 시기에 남한과 미국은 북한이 주민의 불만으로 인해 곧 붕괴할 것으로 생각했다. 그래서 북한 내부에 돌발 사태가 발생할 경우 북한에 진출하여 핵무기 시설을 접수하고 사회질서를 통제하기 위해 작전계획 5027을 수정하여 작전계획 5029를 세우는 등 군사적인 흡수 계획을 만들었다. 작전계획 5027은 1974년부터 전면전을 가정하고 준비한 작전계획이었다. 또 북한의 붕괴를 재촉하기 위해서 국제적인 경제제재 등 지속적인 압박을 주었다. 이러한 군사적·경제적인 압박에 대항하여 북한은 2010년 11월 연평도 포격 사건을 일으켰다. 우리 군은 2015년 6월에 한반도 유사시 북한의 핵과 미사일을 선제공격할 수 있는 작전계획 5015를 만들었다(≪조선일보≫, 2015.10.7).

2011년 12월 17일, 김정일 사망 이후 나이 어린 김정은이 국방위원장에 취임했다. 남한과 국제사회, 특히 미국과 국제연합을 포함한 국제기구 등은 북한의 비참한 인권과 사회 상황을 고발하고 풍선 날려 보내기 등으로 북한의 붕괴나 내부 변화를 유도하려고 하고 있다.

남한은 북한에 비하면 2012년 기준으로 국민총소득(GNI: Gross National Income) 38.2배, 1인당 국민소득은 18.7배라고 한다. 박근혜 대통령은 이렇게 우월한 경제적 지위를 이용하여 2014년 신년 기자회견에서 "통일은 대박이다"라고 했다. 통일 대박은 누구나 바라는 것이고 누가 그것을 모르겠는가. 그러나 대박은 통일을 위한 것이 아니라 통일의 결과이다. 박근혜 대통령은 2014년 4월에 독일을 방문해 통일 과정의 여러 가지 협력 사업으로 '드레스덴 구상'을 발표했다. 2014년에는 통일 논의가 시작되지도 않은 상황에서 정부 각 부처 협의체를 구성하여 '통일헌법'을 만든다고 했다. 이러한 구상과 계획들은 북한에는 압박이며 흡수통일로 받아들여진다. 2015년 신년기자회견에서 대통령은 북한이 비핵화를 하지 않으면 통일 이야기는 못 한다고 하면서 북한에 행동의 여유를 주지 않았다. 이러한 구상과 대박론은 국내정치를 위한 선전용에 불과하다고 생각한다. 심지어 오바마 대통령은 2015년 신년기자회견에서 "북한이 잔혹하고 폭압적이며 주민을 제대로 먹이지도 못하므로 외부 정보가 유입되면 잔혹한 독재 정권을 유지하기 힘들다. 그러므로 인터넷을 이용해 내부 변화를 유도하여 붕괴시키겠다"라고 했다. 북한 붕괴론은 이웃집에 불나기만을 기다리면서 시간을 낭비하는 꼴이다. 이는 분단을 고정한다.

앞서 말했듯 북한 주민 생활의 50%는 시장경제에 의존하며, 5~10만 달러 이상 가진 자본가도 24만 명에 이른다(≪조선일보≫, 2014.2.11). 북한의 사회체제가 자본주의로 점차 변화하여 국제사회에 개방적으로 나올 가능성도 있다. 그러나 외부에서 오는 지나친 정치적·군사적 압력은 북한의 개방 의지를 위축시키고 오히려 극단적인 벼랑 끝 생존 전략으로 몰아가고 있다. 김정은은 남한의 작전계획 5027 등에 대응하여 2012년에 통일전쟁 7일 계획을 세워서 남한을 점령하겠다고 했고, 또한 2015년 통일대전을 준비하라고 지시했다고 한다.

세계 역사에서 헤게모니가 바뀔 때는 기존 헤게모니 세력과 도전하는 헤게모니 세력의 전쟁을 통해서 결정되었다. 이러한 전쟁들은 새롭게 등장하는 헤게모니 국가의 주변에서 일어났다. 2014년 10월 미국 육군의 제 3차 세계대전 보고서에 따르면 중국의 주변인 한반도에서 전쟁이 일어날 가능성이 크다고 했다. 전쟁은 누가, 언제, 어떤 구실로 일으킬지 아무도 모른다. 역사적으로 이러한 것이 밝혀지지 않고 시작된 전쟁이 많이 있다. 이러한 전쟁의 미스터리는 역사의 필연과 우연이 만나서 일어난다. 전쟁이 필요한 곳에 전쟁이 있었다.

김정일은 임기 동안 일곱 번 중국을 방문했다. 1차 방문에서 5차 방문까지의 지역은 베이징이나 남부 지방으로 정치·경제를 위한 방문이었다. 6차 방문(2010년 8월 26~30일)에서는 압록강의 지안을 거쳐 지린, 창춘, 헤이룽장 성의 하얼빈, 무단장 두만강의 투먼을 건너 청진, 원산을 거쳐 평양으로 돌아왔다. 방문 도중인 27일에는 창춘에서 후진타오 주석과 회담하기도 했다. 지린 성과 헤이룽장 성은 김일성의 항일투쟁 성지이다.

마지막 7차 방문(2011년 5월 20~27일)에서는 원산, 청진을 지나 두만강의 투먼을 건너서 하얼빈, 창춘, 지린을 지나서 남쪽 장쑤 성의 양주를 방문하고 베이징에서 25일에 후진타오 주석과 회담하고 단둥과 신의주를 거쳐 평양으로 돌아왔다. 김정일은 7차 방문 후 7개월이 지난 2011년 12월 17일에 사망했다. 김정일은 왜 죽음을 앞두고 9개월 간격으로 2번씩이나 김일성의 항일 유적지를 찾았을까? 당시 국제 상황을 급박하다고 느꼈을 가능성이 크다. 김정일의 뒤를 이은 김정은은 2014년 11월 말 백두산 천지를 시찰했다고 한다.

김정일이 죽음을 앞두고 항일 투쟁 성지를 2번씩이나 방문한 것과 김정은이 눈 덮인 백두산 혈통의 성지를 시찰한 것은 한반도 유사시 최후의 방어 수단으로 개마고원에서 지린 성과 헤이룽장 성을 배후로 하여 게릴라전을 펼치겠다는 의지를 보인 것으로 생각한다. 실제로 북한은 위기 상황에 대비하여 백두산에 군사령부를 설치했다(≪중앙일보≫, 2010.1.22).
이렇게 되면 한반도에는 끝없는 전쟁이 펼쳐지게 된다. 개마고원으로 들
어가기 전에 서로가 가지고 있는 현대 무기들을 사용하면 한반도의 남북
한은 모두 파괴되고 지금까지 쌓아온 남한의 경제 대국으로서의 입지와
각종 산업 시설도 허무하게 무너질 것이다. 한반도의 북한은 중국이, 남
한은 일본이 분할하여 점령할 것이다. 이러한 앞날을 내다보면서도 북한
을 우리식으로 개방한다고 벼랑 끝 막다른 골목으로 몰아넣을 것인가. 어
리석은 국가이다. 이런 상황으로 가지 말아야 한다.

27

또다시 분할되면
한반도가 없어진다

사회집단이든 국가이든 시간이 지나면서 점점 커지는 경향이 있다. 그만큼 생각하고 행동하는 범위가 넓어지고, 생각하는 방법도 단순한 것에서 복잡한 것으로 바뀐다. 이러한 인간의 생각과 행동이 새로운 문화와 문명을 만들어낸다. 이 과정에서 약소국들은 점점 독자적인 지위를 잃어버리고 강대국들에 정복되거나 흡수되어서 사라져 간다. 약소국들이 살아남기 위해서는 차별적이고 복합된 생각과 문화를 이루어서 강대국의 문화권에 들어가야 한다. 그러면 더 큰 문화권의 한 부분으로 살아남을 수 있지만, 그렇지 않고 단순한 것은 큰 문화권의 조그만 점이 되어서 없어진다.

한반도의 문화와 생각의 틀은 너무나 단순하다. 한반도는 역사적으로 자기의 운명을 스스로 결정하지 않으며 강대국에 결정에 맡기고 살아왔다. 삼국시대부터 시작된 중국에 대한 사대주의는 조선시대에 와서는 주자학 명분론이 되었다. 이에 따라서 조선은 명분에 맞으면 받아들이고 맞지 않으면 버리는 배타적인 이분법으로 세상을 나누어서 바라보았다. 주자학 중에서도 세상살이에 필요한 '기'의 주자학은 금지하고 이상주의 학문만을 추구하는 '이'의 주자학만을 따르니 세상과 시대의 흐름을 알지 못하고 사회 발전은 정체되었다.

조선은 어려운 일은 강대국 명나라에 맡긴 채 어렵게 세상살이를 하지 않고 강대국에서 정해준 길만 쉽게 가는 따라 하기 문화를 만들어냈다. 조선에 많이 살았다는 사나운 호랑이는 험한 자연환경에 맞서며 살았다. 그러나 조선 민화 〈까치호랑이〉를 보면 평화를 사랑한다는 명분으로 사나운 호랑이를 고양이처럼 온순하게 그렸다. 이는 멍청하고 안일하게 있으면서 앞날을 내다보지 못하고, 또 장래를 위한 장기 계획도 없는 조선의 국민성을 잘 나타낸다.

주자학은 '이'와 '기'의 철학이 하나로 합쳐진 학문이다. 조선은 '이'의 철학만 좇으며 반쪽 주자학을 주장하고, '기'의 주자학, 양명학, 도교, 불교 등을 공자의 말씀과 어긋난다며 사문난적이라 하여 배척했다. 조선 양명학의 태두인 정제두는 양반 신분으로 서울에 살다가 신변에 위협을 느끼고 강화도로 피신했다. 여기에서 양명학의 강화학파가 생겨났다.

반쪽 주자학의 사문난적과 같은 싹쓸이문화는 해방과 6·25 전쟁 이후 70년 동안 반공 사상으로 이어졌다. 반공 사상에 어긋나면 불만 세력, 좌파, 친북, 종북 등 빨갱이로 몰아서 사회를 좌와 우로 분열시켰고, 새로운 것을 받아들이지 못하는 동시에 앞을 내다보지 못했다. 선거 때가 되면 이기면 된다는 생각으로 얄팍한 포퓰리즘을 이용하여 색깔론, 북풍 등을 앞세워 싸웠다. 그러하니 조금이라도 성과를 보이던 남북 관계는 아무런 진전을 얻지 못하고 그때마다 다시 원점으로 돌아갔다. 포퓰리즘은 사회의 순간적인 이익만 좇는 부차적인 모순에만 집중하기 때문에 앞을 내다보지

〔그림 5〕 미국의 북한 분할 가상 시나리오

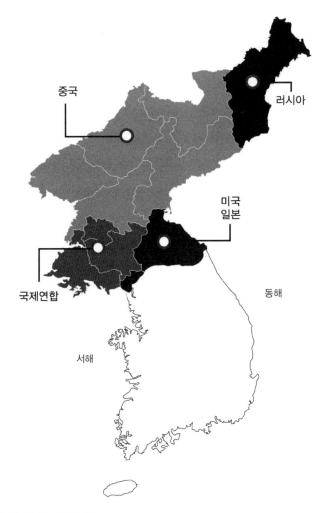

자료: ≪서울경제≫, 2009.9.9.

못하고 주요 모순을 해결하는 장기 계획은 세우지 못한다. 지금 한반도는
살아남을 수 있을지를 판가름하는 위기 상황이며, 여기에서 벗어날 장기

적인 계획이 절실히 필요하다. 이 계획은 강대국의 계획을 따라 하는 것이 아니라 앞질러서 주요 모순을 스스로 해결하는 내용이어야 한다.

자유민주주의는 모든 사상과 이데올로기의 자유경쟁 체제를 말한다. 한국은 자유민주주의 체제로 통일을 이루겠다고 한다. 그러나 실제로는 이러한 주장에서 함께 있어야 할 반쪽인 공산주의를 배척하고 있다. 자유경쟁 체제가 아니라 자본주의 체제로 통일을 주장하니 통일 논의는 항상 제자리걸음일 수밖에 없다. 북한은 지금 더 이상 프롤레타리아트 독재를 주장하는 일당독재 체제가 아니며, 중국의 개혁·개방처럼 시장경제를 받아들이고 조금씩 자리 잡고 있다. 한국이 주장하는 자유민주주의는 자본주의와 공산주의 또는 좌와 우가 함께 있는 자유민주주의가 아니라 공산주의 또는 좌를 사문난적으로 배척하는 반쪽 자유민주주의이다. 자유민주주의 체제로 한반도를 통일하겠다면 공산주의 또는 좌를 포용해야 한다. 그렇게 하여 좌와 우의 조화를 이루어서 남북 분단을 국내문제로 만들어야 한다. 자유민주주의의 최대 장점인 선거제도를 통해서 좌우의 대립을 조화시켜야 한다.

분단의 원인인 사상·이데올로기의 화해가 없다면, 통일된다고 할지라도 또다시 좌우 대립으로 분단될 것이다. 좌우 대립은 통일 과정이든 통일 이후이든 한번은 겪어야 할 일이다. 좌우 대립을 국내문제로 만들 것인가, 아니면 적대 국가의 문제로 만들 것인가? 마음이 하나가 되어야 몸이 하나가 된다.

서독은 1968년 동방 정책을 시작하면서 제일 먼저 금지했던 독일공산당을 다시 허용하여 독일 통합을 완성했다. 중국도 1국가 2제도와 사회주의 초급 단계론으로 타이완과 홍콩을 포용했으며, 타이완도 사상 통제를 해제했다. 사회 통합은 인간의 생각하는 틀인 사상 통합부터 시작해야 한

〔그림 6〕 중국의 북한 분할 가상 시나리오

중국 측 제안

함경남도, 평안북도,
자강도, 양강도

중국

러시아

함경북도

4개국 공동 담당

평양

강원도

미국

한국

평안남도
황해도

자료: ≪MBN 뉴스≫, 2015.8.4.

다. 그렇지 않으면 통일되더라도 다시 분리된다. 통일되기 전에 상대방을
국내로 포용하여 분단 정치를 국내정치로 바꾸어야 한다. 자신 있는 쪽이
먼저 포용해야 한다. 조선의 4색 당파 싸움을 해결하기 위해서 영조가 탕
평책을 펼쳤던 것처럼 지금 한반도의 좌우 2색 당파 싸움에도 탕평책이
필요하다. 사상·이데올로기의 화해를 이루어서 한반도를 한 지붕 아래의
국내정치로 만들어야 한다. 남한의 자본주의는 북한의 공산주의를 통합
하여 자유민주주의를 완성해야 한다. 이것이 통일의 첫걸음이다.

세계화 시대가 되며 지금까지 있었던 헤게모니인 태평양문명판과 새롭

〔그림 7〕북한 급변사태 시 한국-미국-중국의 예상 관할구역

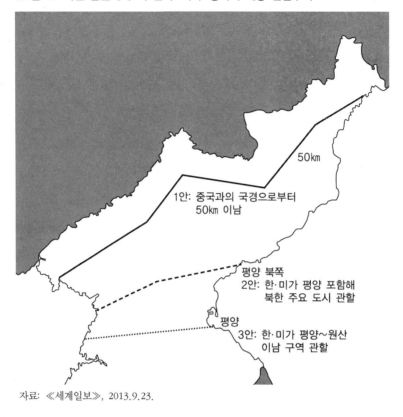

50km

1안: 중국과의 국경으로부터
50km 이남

평양 북쪽
2안: 한·미가 평양 포함해
북한 주요 도시 관할

평양
3안: 한·미가 평양~원산
이남 구역 관할

자료: ≪세계일보≫, 2013.9.23.

게 도전하는 헤게모니인 아시아문명판이 한반도에서 충돌을 일으키게 될 것이다. 한반도는 이것을 내다보지 못하고 까치호랑이처럼 평화와 안정만을 생각하고 있다. 스스로 해결책을 찾지 못하면 믿었던 중국과 미국에 버림받는다. 고래 싸움에 새우는 죽는다.

헤게모니의 변동기를 맞아 미국과 중국은 한반도에 깔때기식으로 군사·경제 정책을 집중하게 될 것이다. 강대국은 약소국의 운명을 책임지지 않는다. 자기의 이익을 위해서 약소국을 이용할 뿐이다. 한반도의 민족주

의는 아무 생각 없이 있다가 매 맞고, 지나간 다음에 눈 흘기고 원망하는 왜 때려 민족주의이다. 한반도가 또다시 분할되면 임시가 영원으로 변하여 한반도는 없어질 것이다.

중국은 이미 6·25 전쟁 당시 평양 - 원산 이북을 중국 영토에 포함하려는 계획도 가지고 있었다(≪조선일보≫, 2015.10.5). 사태를 파악해야 한다.

28

한반도 공동체와
동북아시아 분수령

지역공동체는 서로 다른 국가들이 모여서 더 큰 '우리'를 만드는 하나의 통합체이다. 지역공동체는 1960년 유럽경제공동체에서 시작되었으며 제2차 세계대전 이후 미국과 소련의 이데올로기 양극체제를 완화하고, 동시에 이들의 헤게모니 지배에 대응하기 위한 것이었다. 유럽경제공동체에서 발전한 유럽공동체(EC: European Community)는 과거에 하나로 통합되었던 기독교문화권의 역사 공동체를 다시 만들어서 유럽의 옛 영광을 되찾으려는 노력이었다. 유럽공동체를 모범으로 하여 세계 각 지역에서 약소국들이 강대국들의 압력에 대응해 지역공동체들을 만들었다.

역사를 보면 시대에 따라 국가들의 세력 확대 수단이 달랐다. 콜럼버스 이후 16세기부터 20세기까지 군사적인 정복으로 비유럽 지역에 식민지를 만들고 또한 유럽 강대국들끼리 전쟁으로 세력 다툼을 했다. 국가 절대주의 시대 또는 국가 민족주의 시대의 세력 확대 수단은 군사력이었다. 따라서 국가들은 자기 영역을 지키고 국경선을 강화했다. 이 시대에는 절대주권을 강조했다.

그러나 21세기의 국가는 세계 속의 존재, 즉 전체 속의 부분이므로 상대주권을 가진다. 지금은 문화민족주의 시대로서 국가들의 국경선이 낮아지고 세력 확대 수단은 군사력에서 문화로 바뀌고 있다. 강대국들은 서로 문화 영토를 넓히려고 경쟁하고 있다. 문화민족주의 시대에는 인간이 경제와 문화의 운반 수단이며, 경제가 문화의 운반 수단이다. 세계화 시대의 대량사회에서는 경제와 문화의 운반 수단인 인간의 숫자가 많아야 세력을 확대할 수 있고 동시에 외부 세력에 대응하고 살아남을 수 있다.

인간의 사회생활과 마찬가지로 국제사회에서도 국가는 '우리'속에서 '나'의 목표와 정책 방향을 정당화하고 '우리' 속에서 '나'의 명분을 찾고 행동을 합리화한다. '우리'는 '나'를 포함하고 있으며 '우리'는 '나'의 확대라고 할 수 있다. 그러나 자기완성이 없이 '나'를 확대하면 '나'는 '우리' 속에서 없어진다. 다원적인 '나'는 '우리'로 확대될 수 있지만, 자기완성이 되지 못하고 포용력이 없는 '나'는 '우리' 속으로 흡수되어 다원 사회의 조그만 점이 되어서 소멸한다. 세계화(우리)에 들어가기에 앞서 한반도의 '나'를 먼저 찾아야 한다.

세계화 시대에 살아남기 위해서 한반도의 남한과 북한은 하루속히 사상의 2색 당파 싸움을 탕평책으로 화해하고 한반도를 하나의 지붕으로 만들어야 한다. 역사 공동체로서 한반도 공동체를 이루어야 한다. 자본주의와 공산주의가 서로 배타적으로 적대시하면 서로 다른 나라가 되지만, 이것을 국내정치의 2색 당파 싸움으로 생각하고 자유민주주의 안에 자본주의와 공산주의를 포용하면 한반도는 하나가 된다. 한반도 공동체는 남한과 북한의 역사·문화 공동체이다. 세계화 시대의 정보 전달 수단으로 가장 우수한 한글도 함께 가지고 있다.

한반도는 역사적으로 강대국들의 완충지대로 살아왔기 때문에 강대국 의존형 국가 정책과 국민성을 가지게 되었다. 이러한 국민성은 주변 강대국들의 세력 판도에 따라서 국민을 '친○파', '반○파'로 갈라지게 했고, 국내정치를 혼란스럽게 했다. 조선시대에는 '친명파'가 서로 4색으로 갈라졌으며, 조선 말 개화기에는 '친중파', '친일파', '친미파', '친러파' 등 외국 지향적인 당파를 만들었고, 해방 이후에는 '친미파', '친소파'로 갈라져서 한반도 분단을 만들었다.

완충지대는 낮은 지대 개념으로 지대가 낮으면 주변의 물이 사방에서 흘러들어 혼란스러운 소용돌이를 만든다. 반면 분수령은 여러 방향에서 나오는 물이 소용돌이를 일으키지 않게 물의 충돌을 막아주고 물 흐름의 방향을 바꾸어주는 높은 지대의 개념이다. 한반도의 동북아시아 분수령은 흘러 들어오는 강대국 세력이 일으키는 소용돌이를 막아주고 동시에 국내정치의 분열도 막아준다. 낮은 지대인 완충지대에 머문다면 소극적이고 의존적이며 피지배·피압박의 국민성이 되지만, 높은 지대인 분수령에서는 적극적·활동적인 국민성을 만들 수 있다. 또 국가 발전의 희망과 장기적인 국가 목표, 정책의 국제화, 세계화를 위한 명분을 만들어준다. 소용돌이에 말려드는 것은 우리의 잘못이므로 소용돌이를 일으키는 원인을 만들지 말아야 한다. 역사의 책임은 '나'에게 있다.

강대국들이 한반도에서 일으키는 소용돌이, 고래들의 싸움을 막으려면 남한과 북한이 함께 동북아시아 분수령을 만들어야 한다. 강대국들의 주변이 한반도에서 겹쳐서 생기는 분쟁을 만들지 못하도록 해야 한다. 동북아시아 분수령은 한반도에서 겹치는 강대국들의 주변들을 조화시키고, 주변들의 중심인 강대국들을 연결하여 동북아시아와 세계의 평화와 번영에 도움을 주고 함께하게 한다.

한반도 공동체의 원 경제권과 한글문화권은 동북아시아 분수령을 받쳐주는 2개의 기둥이다. 동북아시아 분수령은 한반도를 강대국들의 주변이 아닌 이들을 조화시키는 중심으로 만든다. 이것이 한반도가 세계 평화를 위해서 할 일이다.

참고문헌

본문에 등장한 문헌

김학성. 1996.『동·서독 인적 교류 실태 연구』. 민족통일연구원.

≪동아일보≫. 2014.1.8. ""北을 동북4성에 편입할 생각있나" 시진핑과 '南주도 통일' 의견 나눠".

브래들리, 제임스(James Bradley). 2010.『임페리얼 크루즈: 대한제국 침탈 비밀 외교 100일의 기록』. 송정애 옮김. 프리뷰.

≪서울경제≫. 2009.9.9. "美 국방부 '북한 붕괴 시나리오' 검토".

≪세계일보≫. 2013.9.23. "北붕괴 대비 '새로운 휴전선' 만든다?".

우실하. 2007.『동북공정 너머 요하문명론』. 소나무.

≪조선일보≫. 2013.12.20. "北 주민 생활 50%이상 시장에 의존".

_____. 2014.1.3. "북한 주민 90%가 이미 '市場化'".

_____. 2014.2.11. "北, 5만~10만 달러 이상 資産家 24만 명".

_____. 2015.10.5. "마오쩌둥이 6·25 참전한 건 '영토 욕심' 때문".

_____. 2015.10.6. "美·日 밀약 몰랐던 고종 "美공주가 도우러 왔다" 황실가마 태워".

_____. 2015.10.7. ""美중원군 온뒤 반격' 대신, 즉시 北수뇌부 타격해 속전속결".

≪중앙일보≫. 2004.2.7. "천안문 광장에 '0km' 기념 상징물".

_____. 2010.1.22. "북, 백두산 초대소에 임시 군사령부".

≪MBN 뉴스≫. 2015.8.4. "한반도 통일 시나리오, 4개국이 분할통제?".

≪週刊文春≫. 2013.11.21. "韓國の '急所' を突く!"

이 글과 직접 관계되는 지은이의 책

김우현. 2001. 『세계정치질서』. 도서출판 한울.

_____. 2005. 『동아시아 정치질서』. 도서출판 한울.

_____. 2011. 『주자학, 조선, 한국』. 도서출판 한울.

한국 역사와 관계되는 책

김상준. 2007. 『유교의 예치이념과 조선』. 청계.

김성철. 1993. 『주체사상의 이론적 변화』. 민족통일연구원.

김용구. 2000. 『세계외교사』. 서울대학교출판부.

김용만. 1999. 『고구려의 그 많던 수레는 다 어디로 갔을까: 고구려인들의 삶의
    원형을 찾아서』. 바다출판사.

나라사랑편집부. 1988. 『중소대립과 북한』. 나라사랑.

문소영. 2010. 『못난 조선: 16~18세기 조선.일본 비교』. 전략과 문화.

성황용. 1992. 『근대동양외교사』. 명지사.

신국주. 1967. 『근대조선외교사』. 탐구당.

신동준. 2007. 『조선의 왕과 신하, 부국강병을 논하다』. 살림.

우실하. 2007. 『동북공정 너머 요하문명론』. 소나무.

유성룡. 2003. 『징비록: 지옥의 전쟁 그리고 반성의 기록』. 김흥식 옮김. 서해
    문집.

이완범. 2013. 『한반도 분할의 역사: 임진왜란에서 6·25전쟁까지』. 한국학중앙
    연구원.

이종락. 2010. 『성웅 이순신 그리고 일본성 왜성』. 도서출판 선인.

이태진. 1990. 『조선유교사회사론』. 지식산업사.

정옥자. 2007. 『조선시대 문화사 (상): 문물의 정비와 왕실문화』. 일지사.

_____. 2007. 『조선시대 문화사 (하): 시대정신과 인간의 대응』. 일지사.

진단학회. 1966. 『한국사』. 을유문화사.

최준식. 2002. 『한국인은 왜 틀을 거부하는가?: 난장과 파격의 미학을 찾아서』.
    소나무.

한영우. 1987. 『정도전 사상의 연구』. 서울대학교출판부.

한준석. 1991. 『문의 문화와 무의 문화』. 다나.

중국의 한반도 정책

강명상. 1988. 『중공의 소수민족정책』. 융성출판.

권선홍, 황귀연, 김홍구, 박장식. 1999. 『전통시대 중국의 대외관계』. 부산외국
    어대학교출판부.

관산. 2004. 『김정일과 양빈』. 황희봉 옮김. 두우성.

김능근. 1988. 『유교의 천사상』. 숭실대학교출판부.

김한규. 1982. 『고대중국적세계 질서연구』. 일조각.

루쉬에이[루쉐이(陸學藝)]. 2004. 『현대 중국 사회계층』. 유홍준 옮김. 그린.

이기백. 1997. 『민족과 역사』. 일조각.

이춘식. 1998. 『중화사상』. 교보문고.

전해종. 1997. 『한국과 중국』. 지식산업사.

_____. 1990. 『한국관계사연구』. 일조각.

_____. 1972. 『한국과 동양』. 일조각.

전해종. 1976. 『역사와 문화: 한국과 중국·일본』. 일조각.

Fairbank, John King. *The Chinese World Order: Traditional China's Foreign Relations*. Cambridge: Harvard University Press.

일본의 한반도 정책

김봉진. 1991. 「후쿠자와 유기치의 대외관」. 한국사회사 연구회 엮음. 『일본의 근현대 사회사』. 문학과 지성사.

다나카 아키라(田中明). 2006. 『메이지 유신과 서양 문명: 이와쿠라 사절단은 무엇을 보았는가』. 현명철 옮김. 소화.

성은구 옮김. 1987. 『일본서기』. 정음사.

성황룡. 1981. 『일본의 대한정책』. 명지사.

시마다 겐지(島田虔次). 1986. 『주자학과 양명학』. 김석근·이근우 옮김. 까치글방.

와타나베 히로시(渡辺浩). 2007. 『주자학과 근세일본사회』. 박홍규 옮김. 예문서원.

이현희. 1986. 『정한론의 배경과 영향』. 대왕사.

太安万呂. 1990. 『古事記』. 노성환 옮김. 예전사.

미국의 한반도 정책

나가타 아키후미(長田彰文). 2007. 『미국, 한국을 버리다: 시어도어 루스벨트와 한국』. 이남규 옮김. 기파랑.

머핸, 앨프리드 세이어[마한, 알프레드 세이어(Alfred Thayer Mahan)]. 1999. 『해
양세력이 역사에 미치는 영향: 밀리터리클래식 05』. 김주식 옮김. 책세상.

브래들리, 제임스(James Bradley). 2010. 『임페리얼 크루즈: 대한제국 침탈 비밀
외교 100일의 기록』. 송정애 옮김. 프리뷰.

토플러, 앨빈(Alvin Toffler). 1995. 『자메리카』. 이규행 옮김. 한국경제신문.

Mahan, Alfred Thayer. *The Influence of Sea Power Upon History, 1660-1783*.
Boston: Little Brown.

Mackinder, Halford. 1962. *Democratic Ideals and Reality*. New York: Norton.

O'Connor, Richard. 1969. *Pacific Destiny : In Informal History of the U. S. in the
Far East*. Boston: Little Brown.

자유민주주의, 자본주의, 공산주의

마키아벨리, 니콜로(Niccolo Machiavelli). 2015. 『군주론』. 강정인·김경희 옮김.
까치글방.

모어, 토머스(Sir Thomas More). 2005. 『유토피아』. 나종일 옮김. 서해문집.

파코, 티에리(Thierry Paquot). 2002. 『유토피아: 폭탄이 장착된 이상향』. 조성애
옮김. 동문선.

Davis J. C. 1981. *Utopia and the Ideal Society: A Study of English Utopian Writing
1516-1700*. Cambridge: Cambridge University Press.

Hyams, Edward. 1973. *The Millennium Postponed: Socialism From Sir Thomas
More to Mao Tse-Tung*. New York: New American Library.

MacGregor, David(ed.). 1984. *Marxism: The Communist Ideal in Hegel and*

Marx. Toronto: University of Toronto Press.

Meisner, Maurice J. 1982. *Marxism, Maoism, and Utopianism*. Medison: University of Wisconsin Press.

Seidman, Steven. 1984. *Liberalism and the Origins of European Social Theory*. Berkeley and Los Angeles: University of California Press.

찾아보기

지은이 | **김 우 현**

한국외국어대학교 졸업

베를린자유대학교(Freie Universität Berlin) 정치학 박사

국토통일원 연구관

경북대학교 정치외교학과 명예교수

지은이의 책

『시베리아 정복사』(역, 1992)

『세계정치질서』(2001)

『동아시아 정치질서』(2005)

『주자학, 조선, 한국』(2011)

한반도 분할에 한반도가 없다

김우현 ⓒ 2015

지은이 | 김우현
펴낸이 | 김종수
펴낸곳 | 도서출판 한울
편집책임 | 최규선
편집 | 김영은

초판 1쇄 인쇄 | 2015년 11월 5일
초판 1쇄 발행 | 2015년 11월 23일

주소 | 10881 경기도 파주시 광인사길 153 한울시소빌딩 3층
전화 | 031-955-0655
팩스 | 031-955-0656
홈페이지 | www.hanulbooks.co.kr
등록 | 제406-2003-000051호

ISBN 978-89-460-6087-6 03340 (양장)
      978-89-460-6088-3 03340 (반양장)

* 책값은 겉표지에 표시되어 있습니다.